车辆变速器及驱动桥设计

许兰贵 ◎ 著

中国水利水电出版社
www.waterpub.com.cn
·北京·

内 容 提 要

变速器是汽车传动系最重要的组成部分之一,其主要用来改变汽车的车速和转矩、使汽车反方向行驶、实现空挡滑行等,而驱动桥位于汽车传动系统末端,其性能的好坏直接影响整车性能,对于载重汽车显得尤为重要。

本书对车辆变速器及驱动桥的设计进行了研究,主要内容包括:液力变矩器设计、两轴式手动变速器设计、三轴式手动变速器设计、液力机械式自动变速器设计、驱动桥设计等。

本书结构合理,条理清晰,内容丰富新颖,是一本值得学习研究的著作。

图书在版编目(CIP)数据

车辆变速器及驱动桥设计 / 许兰贵著. —北京:中国水利水电出版社,2017.9
ISBN 978-7-5170-5887-8

Ⅰ.①车… Ⅱ.①许… Ⅲ.①汽车—变速装置②汽车—驱动桥 Ⅳ.①U463.21

中国版本图书馆 CIP 数据核字(2017)第 233933 号

书　　名	车辆变速器及驱动桥设计 CHELIANG BIANSUQI JI QUDONGQIAO SHEJI
作　　者	许兰贵　著
出版发行	中国水利水电出版社 (北京市海淀区玉渊潭南路 1 号 D 座 100038) 网址:www.waterpub.com.cn E-mail:sales@waterpub.com.cn 电话:(010)68367658(营销中心)
经　　售	北京科水图书销售中心(零售) 电话:(010)88383994、63202643、68545874 全国各地新华书店和相关出版物销售网点
排　　版	北京亚吉飞数码科技有限公司
印　　刷	三河市天润建兴印务有限公司
规　　格	170mm×240mm　16 开本　11.5 印张　206 千字
版　　次	2018 年 9 月第 1 版　2018 年 9 月第 1 次印刷
印　　数	0001—2000 册
定　　价	64.00 元

凡购买我社图书,如有缺页、倒页、脱页的,本社营销中心负责调换

版权所有·侵权必究

前 言

在汽车的各大系统中,汽车传动系统的作用举足轻重,像人体的心脏一样,发动机产生转矩,经传动系统减速后传递给驱动车轮,带动汽车前进或者倒退。液力变矩器则是一种利用液力传动技术来实现动力矩转换的非刚性的液力元件。现代工业的发展与革新,使得液力变矩器在国内外的应用非常广泛,应用范围涉及公共交通、工程机械、军用车辆以及航空航天等各个领域,对社会的进步影响巨大。随着科学技术的飞速发展,工作环境对液力变矩器的性能要求有了更高的标准,未来的研究与发展将会更加具有挑战性。变速器是汽车传动系统最重要的组成部分之一,其主要用来改变汽车的车速和转矩、使汽车反方向行驶、实现空挡滑行等。手动机械式变速器制作工艺简单,制造成本低廉和工作性能可靠,所以在各类汽车上得到了广泛的应用。自动变速箱传动比的改变主要是由行星齿轮变速机构来完成的。行星齿轮变速器由换挡操纵机构和行星齿轮传动机构两部分组成。行星齿轮机构的作用是改变传动比和传动方向形成不同的挡位。变速器是汽车传动系统的重要组成部件,对汽车的动力性与经济性、操纵的可靠性与轻便性、传动的平稳性与效率都有直接的影响。驱动桥位于汽车传动系统末端,是重型汽车总成中的主要承载件之一,一般由主减速器、差速器、轮边减速器、车轮传动装置和驱动桥壳等组成,其基本功能是增大由传动轴或变速器传来的转矩,并将动力合理地分配给左右驱动轮。它的性能好坏直接影响整车性能,而对于载重汽车显得尤为重要。当采用大功率发动机输出大的转矩以满足载重汽车的快速、重载的高效率、高效益的需要时,必须要搭配一个高效、可靠的驱动桥。所以采用传动效率高的单级减速驱动桥已成为未来重载汽车的发展方向。

本书从设计的角度系统地讲述液力变矩器、手动变速器、自动变速器、驱动桥的工作原理和设计过程。液力变矩器设计包括:液力变矩器的循环圆设计、叶片叶形参数计算与设计、叶片的三维模型。手动变速器设计根据使用场合不同分为二轴式和三轴式两种类型,主要分为齿轮结构的设计、轴结构的设计以及变速器的装配。齿轮结构设计需要计算齿轮各挡位的齿数,计算齿轮之间的中心距和齿轮的模数等齿轮参数。轴结构设计主要是轴各部分的长度以及直径的设计,三根轴彼此相关,需要同时设计。轴径的大小和轴的长度是放置齿轮的位置的关键,齿轮之间能否啮合与轴的位置密切相关,因此设计轴的位置就需要考虑齿轮的结构以及其他各轴的位置。自动变速器设计包括动力传动路线分析和传动效率计算,并进行主要受力部件的有限元分析。本书参照传统驱动桥的设计方法进行了载重汽车驱动桥的设计。首先确定主要部件的结构型式和主要设计参数;然后参考类似驱动桥的结构,确定出总体设计方案;最后对主、从动锥齿轮,差速器圆锥行星齿轮,半轴齿轮,全浮式半轴和整体式桥壳的强度进行校核以及对支承轴承进行了寿命校核。

作者
2017 年 8 月

目 录

第1章 液力变矩器设计 ... 1
1.1 液力变矩器发展概述 ... 1
1.2 液力变矩器的结构及其工作原理 ... 8
1.3 液力变矩器循环圆设计 ... 11
1.4 叶片设计 ... 17
1.5 基于Pro/E叶片的三维模型设计 ... 26

第2章 两轴式手动变速器设计 ... 28
2.1 设计方案与基本数据 ... 28
2.2 变速器设计的基本要求 ... 29
2.3 变速器主要参数的确定 ... 29
2.4 齿轮设计计算 ... 30
2.5 齿数的分配 ... 31
2.6 齿轮的校核 ... 38
2.7 轴的设计计算 ... 46
2.8 轴承校核 ... 49
2.9 零件的建模和装配 ... 50
2.10 一挡的运动仿真 ... 59

第3章 三轴式手动变速器设计 ... 62
3.1 传动机构的分析与型式选择 ... 63
3.2 倒挡传动方案 ... 64
3.3 主要参数的计算和选择 ... 66
3.4 其他零部件的选择 ... 71
3.5 齿轮的强度计算及材料选择 ... 73
3.6 变速器轴的结构及其强度计算 ... 77

3.7 三维建模及其装配 …………………………………………… 81

第4章 液力机械式自动变速器设计 …………………………… 84
4.1 液力机械式自动变速器的组成原理及特点分析 ……………… 86
4.2 液力变矩器的基本类型和结构 ………………………………… 87
4.3 行星齿轮传动特点及分类 ……………………………………… 88
4.4 奔驰722.6自动变速器 ………………………………………… 93
4.5 变速器三维建模 ………………………………………………… 113
4.6 行星架和齿轮的有限元分析 …………………………………… 123

第5章 驱动桥设计 …………………………………………………… 141
5.1 主传动器设计 …………………………………………………… 141
5.2 差速器设计 ……………………………………………………… 151
5.3 轮边减速器设计 ………………………………………………… 157
5.4 半轴设计 ………………………………………………………… 163
5.5 驱动桥主减速系统参数化建模 ………………………………… 165

参考文献 ………………………………………………………………… 174

第1章 液力变矩器设计

1.1 液力变矩器发展概述

液力传动是以液体为工作介质，依靠流动液体动能的变化来传递能量的一种新型的传动方式。动力机（如发动机）将自身的转速、功率经输入轴，在液体动能的作用下，经叶轮进行传递。在整个工作过程中，液体与各叶轮间相互作用，使动量矩发生变化，进而实现传递能量。液力传动的过程中必须要有液力元件的参与，常见的液力元件有液力变矩器和液力耦合器。

最先接触的是液压传动，液力传动与液压传动，看着十分相似，但是它们之间有着十分大的差别。液压传动是传递液体压能的，而液力传动则是传递液体动能的。在液力传动中，动力机的输入轴和输出轴中间只可以用液体为工作介质来联系，构件之间不存在直接接触，是一种非刚性的传动。而液力传动相对于机械类传动的方式，存在很多优点：可以吸收冲击与振动、过载保护性能较好，甚至在输出轴卡住的时候，动力机仍然可以运转而不受损伤、带荷载启动容易、可以实现自动变速和无级调速等。所以，它可以提高整个传动装置的动力性能。

液力传动装置的整体性能也跟它与动力机的匹配情况有关。若匹配不当便不能获得良好的传动性能。因此，应对总体动力性能和经济性能进行分析计算，在此基础上设计整个液力传动装置。一个完整的液力传动装置，为了使其正常工作，避免过程中产生磨损和保证散热，还需要配以一定的辅助供油系统、冷却系统和操作控制系统。

液力变矩器主要有如下特性。

（1）内特性

内特性概括了变矩器内部液体流动的所有参数，如液体的速度、压力分布特性（即速度场和压力场）、入口冲击角、出口偏离角、泵轮出口偏离修正系数、冲击损失系数、通流损失系数、循环流量（及比流量）、轴面速度系数、雷诺数等,主要为叶栅系统的设计提供依据。

(2) 外特性

外特性是指液力变矩器的泵轮力矩、涡轮力矩以及效率与涡轮转速的关系,其实是变矩器的输出特性。它是依据变矩器在一定的工作条件下在试验台上测出的或者理论计算出来的,叫作试验外特性或预期外特性,它的工作条件是变矩器的几何参数(也就是某个确定的变矩器)、泵轮转速、工作油的品种(即密度)以及工作的温度一定。所以在外特性曲线表中都要注明工作条件。

(3) 泵轮的负载特性

泵轮的负载特性是指液力变矩器作为发动机的负载,它所体现出来的特性,用泵轮力矩和泵轮转速的关系来表示,它其实也是变矩器的输入特性。

(4) 液力特性

液力力矩是指叶轮叶片和液流相互作用的力矩,并没有包含机械摩擦力矩以及圆盘摩擦力矩。液力特性指泵轮和涡轮轴上的液力力矩随着涡轮轴转速的变化关系。

(5) 外特性族

外特性族是指对于同一个变矩器,它在指定工作油的品种以及油温不变的情况下,把在不同的泵轮转速下得到的各个外特性集中地绘制在同一个图上,就得到了一组特性曲线图。

(6) 全外特性

全外特性是指变矩器在全部工况,即牵引工况、涡轮反转制动工况、涡轮超越工况这三种工况下的外特性组成的完整的特殊曲线。分别位于第一、第二和第四象限。

(7) 无因次特性

无因次特性是指依据相似理论对外特性进行无因次化,然后计算出的特性,它包括三条曲线。曲线 1 是泵轮力矩系数跟着转速比(工况)变化的特性,又称为能容特性,它表示泵轮从发动机吸收力矩(能量)的能力,也表示变矩器传递功率的容量。曲线 2 是变矩比(涡轮力矩和泵轮力矩之比)跟着转速比变化的特性,也叫变矩特性。曲线 3 是效率跟着转速比变化的特性,也叫经济特性,它是变矩器传递功率的经济指标。

(8) 相似理论

相似理论可以简述为,如果两个变矩器之间满足几何相似、运动相似、动力相似,则这两个变矩器的无因次特性相同。几何相似应该满足相对的循环圆几何尺寸是同一比例,也就是相似比,并且叶片数和叶片倾斜角对应相等；运动相似则是在几何相似的条件下，同时满足速比相等，两变矩器内部的流动运动相似，也就是速度方向相同，而且大小为同一比例；动力相似是在运动相似并满足雷诺数相等的条件下，相对空间点上的流体质点所受同名力的多边形相似，由这个能够导出两变矩器具有相同的无因次特性。

无因次特性的含义：①对于两个循环圆直径大小不相等，但是循环圆的几何相似（即一个是另一个的放大或缩小）的变矩器，只要它们满足雷诺数相等这个条件，那么，它们在同一速比下的各无因次参数也是对应相等的；②对于同一个变矩器（可视为相似比为1），因为不同工作条件下的外特性导出的无因次特性相同。所以说，无因次特性是实物与模型的，或者不同工作条件下的外特性之间的一种联系。

常见的液力传动装置有液力耦合器和液力变矩器两种。液力耦合器是一种非刚性联轴器。而液力变矩器实质上是一种非刚性力矩变换器，也正是我们这次课题所研究设计的传动元件（实体如图1-1所示）。它所传递的功率大小与输入轴转速的3次方、与叶轮尺寸的5次方成正比。额定工况状态下，传递效率最高，偏离额定状态时，传递效率会有所下降。液力耦合器和液力变矩器同样是液力元件，它们之间的区别在于：液力耦合器是将主动轴输出的转矩等值传递给从动轴，而液力变矩器则是根据工况，相应地改变其输出转矩。

图1-1 液力变矩器实体

液力传动最为典型的元件是液力变矩器，它主要是由泵轮、涡轮和导轮三部分组成的液力元件。其中叶轮是液力变矩器的核心，叶轮的形状、型式和存在的位置在液力变矩器中,对其性能的影响有着决定性的作用。同样一个液力变矩器中导轮、涡轮或泵轮的数目不同,其产生的性能也不同,下面在按其结构特点分类过程中也会提到。其结构形式、传动方式和工作环境也决定了液力变矩器有着类似的特点:过载保护性能好、能消除冲击和振动、启动性能好和有良好的自动变速性能等。

1.1.1 液力变矩器在国内外的应用

液力变矩器作为一种液力传动装置,具有许多机械类传动所没有的优良特性,如无级变速、减振隔振、良好稳定的低速性能、自动适应性及无机械磨损等,是其他传动元件无可替代的。生活中,液力传动被广泛应用于很多地方。液力传动最早开始应用,是在船舶内燃机与螺旋桨之间。20世纪30年代后,随着现代工业的发展,液力传动技术很快在车辆如各种汽车、履带车辆和机车、工程机械、钻探设备、起重运输机械、大型鼓风机、泵和其他惯性大、冲击大的传动设备上有着很重要的应用。从液力传动技术出现发展到现在已经有一百多年了,液力变矩器的应用领域不断扩大,从汽车、工程机械、军用车辆到石油、化工、矿工、冶金机械等领域都得到了广泛的应用。

在国外,已经普遍把液力传动技术应用在了小型汽车、公交车和豪华型大客车、公用牵引车以及工程机械装载机和军用车辆等领域。就拿美国来说,从20世纪70年代开始,液力变矩器每年安装在小型轿车上的安装率都在90%以上,年产量则在800万台以上;并且在市区的公交车上,液力变矩器的装备率也差不多达到100%。在某些专门用途的车辆上,比如重型载重汽车和非公路车辆上,它的装备率也在70%以上。就现在而言,液力变矩器在工程机械中已经占有绝对的优势地位了,这与社会建设不断发展是分不开的。例如阿里森的CLB9680系列的液力机械变速器就应用于功率为882.6kW、装载量为108t的矿用自卸车上;在一些非公路的用车上和大部分新型坦克和大型军用车辆上也安装了液力传动。在美国,液力传动在航空航天的机械设备中也有了尝试,如美国的B-1型战略轰炸机,燃气轮机的启动也都应用了液力传动。同样的,在日本和大部分欧洲国家,液力传动技术也得到了广泛应用。在国外,城建、水利和铁路上,较大吨位的起吊车、装载机和推土机等工程机械中也多数采用了液力传动。

在我国,由于重型工业起步比较晚,直到20世纪50年代,长春一汽才将液力传动技术应用于红旗牌轿车,相应的配套研制液力变矩器,开发液力传动系统,填补了我国在液力变矩器设计和制造上的空白。从此,液力传动技术开始在我国逐步地发展开来。1958年,我国"东方红Ⅰ型"卫星内燃机车上应用了液力传动技术,机车采用了两套735kW柴油机和液力传动机组。其中液力传动机组包含了一个启动液力变矩和两个运转液力变矩器。1970年,我国成功设计了4400kW的"北京号"液力传动内燃机车,从此,我国也迈入了设计制造大功率液力传动内燃机车的时代。再到80年代,北京理工大学为满足军用车辆的使用要求,研制开发了Ch300、Ch400、Ch700、Ch1000系列液力变矩器,成功突破了高能容、高转速、大功率等设计制造中的关键技术,达到了国际先进水平,对我国的国防建设具有重要的意义。

液力传动在国内工程机械上的应用最为显著。装载机ZL30到ZL90以及ZM425中都应用了液力机械传动。C65推土机,C47铲运车以及挖掘机和在港口、仓库中装卸用的叉车也都采用了液力传动系统。液力元件有双涡轮液力变矩器、三元件综合式变矩器、四元件综合式变矩器。工程机械与液力传动紧紧地联系在了一起,这与社会主义建设的快速发展是分不开的。西部大开发、中原建设以及高铁时代的到来,向我们表露了液力变矩器在我国具有广阔的发展前景。

1.1.2 液力变矩器的研究现况以及发展趋势

目前广泛使用的液力变矩器主要有下列几种形式:普通三工作轮闭锁式液力变矩器,多工作轮液力变矩器,可调(导叶)式液力变矩器,牵引—制动型液力变矩器[5]。现阶段,液力变矩器的设计和理论研究都取得了一定的成果。未来,对液力变矩器的性能会有更高的要求,有着很好的发展前景。

1. 液力变矩器的研究现况

行业的发展总是离不开社会这一个大的环境,国家的发展策略对行业供需分析有着很大影响。在供给方面,只有2000年液力变矩器的产量有所下降,之后每年都有所增加,呈上升趋势。在需求方面,随着中原崛起,东北老工业的振兴,工程机械的需求量增大,对液力变矩器的需求以及性能都有很大依赖。技术层面上,液力变矩器正向着一个经济型、节能型、大功率、集成化和复合化的高标准方向发展,逐渐与国际发展接轨,甚至现今有的技术已达到国际先进水平。但是我国大型工业起步晚,基础零件的制造技艺不够稳定,所以对液力变矩器的发展还应更加努力。国际环境也是我国液力变矩器发展过程当中不可或缺的一个重要因素。随着外资企业如日本的大金,德国 ZF 等的介入,不仅带来了先进的技术和设计经验,同时也是对国内液力变矩器企业的一种威胁,这就迫使人们必须更加努力参与竞争,改革创新。

液力变矩器之所以能够被广泛使用,是因为它有着显著的优良特性,经济性、自动适应性、无级变速、减振隔振以及无机械磨损等,这些是其他的传动元件无法取代的,也是发展的必然趋势。近年来,液力变矩器的理论研究也有了很大的进步,特别是流场理论、设计方法与制造技术。

叶轮是液力变矩器的核心,它的设计理论基础主要是内部的流场理论。又因为内部流道内液体的活动是黏性的,不可压缩的三维不稳定状态,这就给液力变矩器的设计带来新的挑战。流动理论的发展是液力变矩器发展中主要的理论内容,也是发展的一个方向。

由于建模和计算的复杂性以及液力变矩器内部流场的特殊性,在工程中,常采用的是一维流动理论,因为其简便合理,具有一定的实用价值,也是目前使用最为普遍的理论依据。又因为实际应用中,对液力变矩器的性能要求很高,而变矩器内部流场和理论有很大的差别,用一维的理论知识去设计的变矩器往往达不到预期的性能指标。现在,相关研究人员已经在流场理论研究上取得了一定的进展,液力变矩器叶片设计的理论基础已由最初的一维束流理论发展到二维束流理论,最后又提出了三维束流理论。

一维束流理论的物理概念很简单,即将叶轮内的工作液流在理想状态下分成无数的束流,同时认为叶片也是无限薄,叶片数无限多,忽略了液流黏性对内流场的影响。设计较为简单,易掌握,但因为实际工作过程中和内流场差别较大,设计后的效果往往很难达到性能要求。

二维束流理论在一维束流的基础上,将液流流动简化为过旋转轴心的一组平行轴面内的平面流动,认为每个平面内的压力分布和速度分布都是相同的。在二维束流理论的基础上,也建立了二维性能预测和叶栅设计方法,进一步淡化了中间流线的概念,直接对内外环变化做出规律性设计。现阶段,二维束流理论在某些地方已经有了应用,取得了不错的成绩。

三维束流理论是未来液力变矩器设计发展的方向。纳-维斯托克斯(Navier-Stokes)运动方程很好地对黏性流体的三维流动进行了描述,就是常见的 N-S 方程。因为叶片的形状是三维的,流道的曲率变化也比较大,所以液流在各个方向上都是变化的。要想得到准确的流场计算结果,直接对 N-S 方程求解可得,但是由于其与欧拉方程的复杂性,求解过程非常困难,目前尚无法求解。21 世纪是科学技术蓬勃发展的黄金时期,随着计算机计算能力和流体力学(CFD)理论研究的飞速发展,液力变矩器的三维理论设计也取得很大的进步。在设计过程中,现代计算机设计软件也起到了很大的作用,效果显著。但是,三维束流理论仍处于研究阶段,为了满足新型液力变矩器的性能要求,还有待继续研究与深入发展。

2. 液力变矩器的发展趋势

在液力变矩器的设计过程中,特性分析、叶轮内部流场的测量、数值仿真计算以及传动设计方法这四个方面是最重要的。因此以后液力变矩器的发展趋势也主要体现在这四个方面。

①液力变矩器的内部流场测量以前总是抽象化分析测量,现如今一些新兴的技术手段如粒子图像测速技术(PIV)、多普勒测速技术(LDA)和压力探针测量技术等,都开始被应用于内部流场测量,测量过程与过去的流场模型分析相比较准确、方便。所以在未来的发展中,流场测量技术也主要向这个方向发展。

②液力变矩器的特性分析对变矩器的性能和设计都具有很重要的影响,其中液力变矩器的瞬态特性尤为重要。现阶段,已经引入了应用瞬态模型,它能够简化和细化边界分析,进一步提升计算物理模型,从而达到与真实模型相似的效果,提高分析过程中数值计算的准确性。所以特性分析以及数值计算都是未来液力变矩器研究和发展的方向。

③由于叶轮流道内的工作液体有黏性,对实际流速有一定的阻碍,而且每个位置的流动状况又是不一样的,这些不可避免的因素对在流道内的数值仿真计算有一定的限制。计算都是有误差的,但是怎么把误差控制在最小的范围内又是一个问题。所以下一步的研究方向,会在数值仿真计算上加大投入,寻求突破,减小误差。新的计算方法和计算模型都需要进一步改进。

④随着流体力学研究的不断深入与计算机计算能力的飞速发展,新兴的设计软件和设计方法在不断出现,如计算机辅助设计(CAD)能够根据设计数据结果很快地生成图形以及三维实体模型,能够更加方便地进行较为复杂的数值计算;计算机辅助制造(CAM)技术取代了人工制造,从产品设计到加工的整个过程都可以由计算机数控操作,简单方便,误差小。流体动力学(CFD)数值分析近年来也发展迅速,比较热门。它可以通过计算机软件如Fluent、Phoenics等来进行流动状况模拟,对设计的优化和结构的改进有很大的帮助。液力变矩器的设计研究不仅仅是独立的课题,它也需要一个更加系统的设计开发流程,如果把CAD技术、CFD技术以及CAM技术三者有效地结合起来,那么液力变矩器的设计就会更加简单。在模拟的基础上,我们可以更好地通过改进液力变矩器的结构来达到设计要求的性能

指标。在计算机高速发展时代，多软件集成化设计是未来液力变矩器的一个发展趋势。

1.2 液力变矩器的结构及其工作原理

1.2.1 液力变矩器的结构与分类

液力变矩器结构包括以下几个部分。

①泵轮、涡轮、导轮：它们是液力变矩器中的主要构件。负责将机械能转变为流体动能，再将流体动能转变为机械能。

②主要构件的支撑零件：轴承及轴承座，保证主要构件的稳定性。

③输入轴，输出轴：与外面动力机和变速箱相连接，负责将转速、功率传递给变矩器，带动下个构件工作。

④密封零件：橡胶油封、金属密封环、"O"形密封圈等达到密封效果。

⑤变矩器壳体以及支撑零件：支撑保护作用。

提到液力变矩器，常常会看到有关于"级"和"相"的说明，要了解变矩器的分类，首先必须搞清楚相关概念。"级"指的就是各叶轮之间彼此刚性连接的涡轮数目。"相"指的是在变矩器中，各种工作机构的组合不同或功能改变，导致传动效果的多种改变，称为"相"。正是因为液力变矩器的结构形式存在不同，才使得液力变矩器在工作时的性能随之不同，具有多样性。因此随着液力变矩器的发展，对液力变矩器的性能要求也有着很大的提高。

查阅相关的统计资料，依据液力变矩器的结构以及性能特点，可以按以下几种情况进行分类。

①按变矩器在工作时，涡轮相对于泵轮的转动方向的不同来分，当涡轮的转动方向与泵轮的转动方向相同时，称为正转变矩器；当涡轮的转动方向与泵轮的转动方向相反时，称为反转变矩器。

②根据液力变矩器中叶轮间刚性连接在一起的涡轮的数量，可分为单级、两级、三级及多级的涡轮变矩器。

③按工况下轴面液流在涡轮内部的液流方向可以分为轴流涡轮变矩器、离心涡轮变矩器以及向心涡轮变矩器。

④根据液力变矩器的能容和特性是否可以调节，可以分为可调变矩器和不可调变矩器两种。

⑤根据液力变矩器工况下涡轮和泵轮是否可以闭锁成一体,分为闭锁式变矩器和非闭锁式变矩器。

⑥按变矩器中各叶轮的组合和工作情况的不同,所达到的液力传动效果的不同,可以分为单相变矩器、两相变矩器和多相变矩器。

1.2.2 液力变矩器的工作原理

如图 1-2 所示,可以很清晰地看到液力变矩器在工作过程中液流的流动情况。

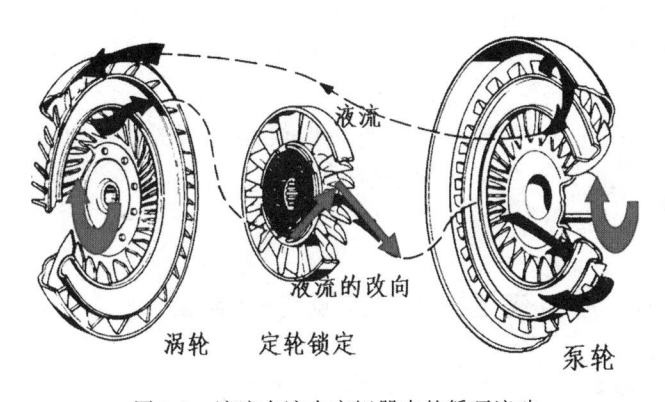

图 1-2 液流在液力变矩器中的循环流动

液力变矩器在工作工程中,工作腔内是充满工作液体的。当发动机带动泵轮旋转时,泵轮与液体相互作用,使得液流加速获得动能。接着,高速运动的液流进入并冲击涡轮,涡轮叶片获得一个速度,带动涡轮转动,液体的动能又转化成为涡轮转动的机械能,通过涡轮轴以力矩的形式向外输出功率;液体从涡轮流入导轮,经导轮加速并改变方向后重新流入泵轮。这样循环往复,就形成了一个封闭的液流循环圆,在整个过程中不断地进行能量的传递和转换。

整个循环运动过程中,忽略外界的影响,液力变矩器所受的外力矩之和应该为零,即所受的力矩应该处于一个平衡的状态。即式:

$$M_B + M_T + M_D = 0 \tag{1-1}$$

或

$$-M_T = M_B + M_D \tag{1-2}$$

式中:M_B——发动机施加在泵轮轴上力矩;

M_T——荷载施加在涡轮轴上的力矩;

M_D——壳体对导轮的支反力矩。

当泵轮转速 n 一定时,而涡轮则以三种不同的转速转动,引起液流方向变化,从而引起叶轮作用力矩不断变化。分析有以下几种情况。

①当 $n_T=0$ 或较低转速时,涡轮出口液流以速度 v_T 冲击导轮正面,因此导轮对液流的作用力矩 M_D 与泵轮力矩 M_B 同向,由力矩平衡方程,$-M_T > M_B$。

②当 n_T 增加到一定数值时,涡轮出口速度 v_T 的方向就与导轮进口的叶片骨线重合,液流顺着导轮叶片流出,导轮进出口速度相等、方向相同时,液流对导轮没有作用,导轮力矩 $M_D=0$,此时 $-M_T=M_B$。

③若 n_T 继续增大,从速度三角形得出,涡轮出口速度 v_T 将冲击导轮背面,导轮力矩(导轮对液流的力矩)M_D 与泵轮力矩 M_B 方向相反,因而 $-M_T < M_B$。

由以上可知,液力变矩器在工作的时候,因为导轮的作用,才能够使其根据外界荷载的大小去改变其涡轮的力矩以及转速,从而与外界荷载相适应,并且稳定地工作。

1.2.3 液力变矩器的性能及评价标准

液力变矩器的工作特性有:内特性、外特性和无因次特性三大类。其中液力变矩器的性能指标主要由其外特性和原始特性体现出来。总结起来,主要特性的性能有以下几种:变矩性能,经济性能,负荷特性,穿透性,自动适应性和能容性。这些性能指标很好地说明了液力变矩器在生活中的应用有着很好的作用效果。这里简单介绍几种比较常见、容易理解和重要的性能。

1. 经济性

经济性并不是指变矩器有多么便宜,而是指液力变矩器在能量传递过程中所传递的效率。常用无因次效率特性方程 $\eta = \eta_{(i)}$ 来表达。液力变矩器经济性能的两个指标分别是最高效率值 η^* 和高效率区范围的宽度 G。通常认为,在高效率区内 G 的值越大,最高效率越高,液力变矩器的性能就越好。但实际上并不是这样,这两个指标是相互矛盾的。

评价液力变矩器的经济性能时,必须兼顾两个方面,单纯认为最高效率高,经济性能好是片面的,不准确的。在无因次特性曲线上,单独地看一个点,是不能说明经济性能的好坏的,因为变矩器的工作环境不可能是一个点。因此,高效率范围的宽度,才是决定变矩器经济性能好坏的关键。

2. 变矩性

变矩性就是指在一定范围内,改变泵轮轴传至涡轮轴的转矩值的能力。它可以由无因次方程 $K=K_{(i)}$ 来表示。评价变矩器变矩性能好坏的指标也有两种,一个是 $i=0$ 时比值失速变矩比 K_0;另一个是失速变矩比 K 为 1 时转速比 i 的值。一般认为两个指标大,变矩器的变矩性就好,但是实际中两个指标是不可能都很大的。所以在比较两变矩器变矩性时,应该在其中一个值确定的情况下,去比较另外一个值。

3. 自动适应性

自动适应性是指在液力变矩器在工况不变或变化很小的时候,随外力变化,能够随之改变涡轮的转矩和转速,让其处于稳定工作状态的能力。自动适应性在液力变矩器所有的性能中最为重要,也是为什么液力变矩器能够实现变矩,在工程机械中特别广泛应用的原因。利用这一特性,可以进一步研制自动液力机械变速器。

1.3　液力变矩器循环圆设计

过液力变矩器的轴心作一个截面,在这个截面上与液体相接的界线所形成的形状就叫作循环圆。它同时也是液体在各叶轮内循环流动时流道的轴面形状,其运行轨迹封闭。

传统的液力变矩器它的循环圆大部分都是由多圆弧所组成的,对于单级的向心涡轮变矩器来说更是这样的。多圆弧形线有它固有的局限性。循环圆的圆弧设计法的缺点是不容易达到沿轴面流线保持过流面积不变,通常会出现扩散、收缩或者局部变化剧烈的现象;虽然它每段圆弧间是相切的,但是它们的曲率变化是不连续的,作为流线也往往是不光滑的。多圆弧循环圆设计的步骤是先设计出外环、内环型线,然后去检查过流断面积的变化。这种方法费时费力,经常需要多次地去修正它才能够达到满意的结果。目前,随着数控加工技术快速发展的日渐成熟,非圆弧曲线的加工也不再那么困难。因此循环圆的设计方法就有了从一开始就先保证沿循环圆轴面中间流线的过流面积保持不变,然后根据每个截面的宽度来确认外、内环的轮廓形状的新型设计方法,同时也有了依据好的样机反求的反求设计方法。

尽管是这样,多圆弧形线依然被沿用了几十年,其中有一个重要的原因就是工艺方面的限制。传统的工艺装备更方便加工圆弧,而在加工非圆弧曲线的时候就要困难得多。然而目前的情况改变了,数控加工技术已经十分普及,如果再固守多圆弧设计法的观念,就要落后于形势的发展了。

在此处有一个全新的设计循环圆的构想,也就是圆形中间流线方案。并且改变从外环到内环的传统的设计顺序,从中间流线入手,而后再确定外、内环。也就是说,从一开始就限定沿轴面中间流线过流面积保持恒等,然后依据各截面的宽度去确定外、内环的相对轮廓形状。这个设计方法不仅能够确保过流面积的恒等性,而且它还能够遵照设计者的要求按一定的规律变化。

1.3.1 循环圆中间流线的数学模型

在循环圆平面上的 ROZ 坐标系中,设循环圆的中间流线为一个圆,其横向半轴长度为 a,纵向半轴长度为 b,圆心 O_1 距 Z 轴的距离为 h。此时圆的方程为:

$$\frac{Z^2}{a^2}+\frac{(R-h)^2}{b^2}=1 \tag{1-3}$$

其参数方程为:

$$Z=a, R=b+h \tag{1-4}$$

圆上任一个 θ 角处的一点 M 上,它的法线为 SMC,各点的坐标依次为: $S(Z_s,R_s), M(Z_i,R_i), C(Z_c,R_c)$,则它的法线方程为:

$$\frac{R_s-R_i}{a^2(R_i-h)}=\frac{Z_s-Z_i}{b^2 Z_i} \text{ 或 } \frac{R_i-R_c}{a^2(R_i-h)}=\frac{Z_i-Z_c}{b^2 Z_i} \tag{1-5}$$

1.3.2 循环圆设计

1. 过流面的确定

假定法线 SMC 为循环圆过流面的一个截面线,作为计算过流断面积的依据。经验表明这个假定误差是很小的。已知变矩器的有效直径为 D,最小轮毂直径为 d_0,循环圆宽度为 B。则:

$$F_D=\frac{\pi D^2}{4} \tag{1-6}$$

过流断面积

$$F_m=kF_D \tag{1-7}$$

式中的经验系数 $k=0.166\sim0.27$。令 M 等分其截面积 F_D,则有

第1章 液力变矩器设计

$$\pi(R_s+R_i)MS=\frac{F_m}{2}, \pi(R_i+R_s)MC=\frac{F_m}{2} \quad (1\text{-}8)$$

式中：

$$MS=\sqrt{(Z_s-Z_i)^2+(R_s-R_i)^2}, MC=\sqrt{(Z_i-Z_c)^2+(R_i-R_c)^2}$$
$$(1\text{-}9)$$

此时 S、C 便分别是循环圆外环和内环上的一个点。当 θ 角从 0 开始改变，以一定的步长 $\Delta\theta$ 变到 2π 时，S 和 C 点的轨迹就是循环圆的外、内环。$\Delta\theta$ 的取值越小，设计的精度也就越高。

2. 循环圆参数的确定

如图 3-3 所示，当 $\theta=0$ 和 $\theta=\pi$ 时，外环边界达到最大（Z 绝对值最大）。此时 $MS=MC$，则

$$a=(B-2MS)/2 \quad (1\text{-}10)$$

而有：

$$a=\frac{B-\dfrac{F_m}{2\pi h}}{2} \quad (1\text{-}11)$$

当 $\theta=-\pi/2$ 时：

$$R_A=\sqrt{\frac{F_m}{2\pi}+\left(\frac{d_0}{2}\right)^2} \quad (1\text{-}12)$$

当 $\theta=\pi/2$ 时：

$$R_F=\sqrt{\left(\frac{D}{2}\right)^2-\frac{F_m}{2\pi}} \quad (1\text{-}13)$$

有：

$$b=\frac{R_F-R_A}{2} \quad (1\text{-}14)$$

圆的中心点 O_1 的坐标为：$(0,h)$，其中：

$$h=R_E=\frac{R_F-R_A}{2}+R_A \quad (1\text{-}15)$$

3. 环圆形线

由于 M_i 点是在标准圆上的，所以只要给出 θ 值，Z_i，R_i 就是已知的。而且给出 F_m 之后按中间流线内外各占一半的过流面的限定，就能够由 SM、CM 分别求出 S 和 C 点的坐标。

$$R_s=\sqrt{R_i^2\pm\sqrt{\frac{F_m^2}{4\pi^2[a^4(R_i-h)^2+b^4Z_i^2]}}} \quad (1\text{-}16)$$

($\theta<0$ 或 $\theta>\pi$ 时取负号,其他情况取正号),代入法线方程后得:

$$Z_s = Z_i + \frac{b^2 Z_i (R_s - R_i)}{a^2 (R_i - h)} \tag{1-17}$$

相对内环,它的计算公式和外环是相同的,只需要将脚标 s 改成 c 就可以了,但是对正、负号的选取原则却和外环是相反的。

4. 流线长度

让 θ 角从 $-\pi/2$ 到 $\pi/2$ 的范围内变化,就能够设计出半循环圆。因为循环圆左右对称,所以只需将所得结果对 R 轴作对称处理即可。对于轴面流线的弧长问题可以由每段小弧长叠加的办法来解决。只要 $\Delta\theta$ 值取得足够小,就能达到满意的精度。

5. Matlab 程序求出循环圆

根据以上公式,进行 Matlab 编程,设计出的 Matlab 程序如图 1-3 所示。

```
Command Window
>> D=340;
d0=0.4*D;
B=0.3*D
F=0.23*0.25*pi*D^2
bet1=120
bet2=146
vm=7.247
w1=169.6;
ya=sqrt((F/(2*pi)+(0.5*d0)^2))
yf=sqrt((0.5*D)^2-F/(2*pi))
b=(yf-ya)/2
h=ya+b
a=b
t=-0.5*pi:0.01*pi:0.5*pi
x=a.*cos(t)
y=b.*sin(t)+h
ys=(y.^2+F.*sin(t)./(2*pi)).^(0.5)
xs=x+(ys-y)./tan(t)
yc=(y.^2-F.*sin(t)./(2*pi)).^(0.5)
xc=x-(y-yc)./tan(t)
plot(x,y)
set(gca,'XTick',-50:10:50)
set(gca,'YTick',40:10:160)
hold on
plot(xs,ys)
hold on
plot(xc,yc)
```

图 1-3 循环圆 Matlab 程序

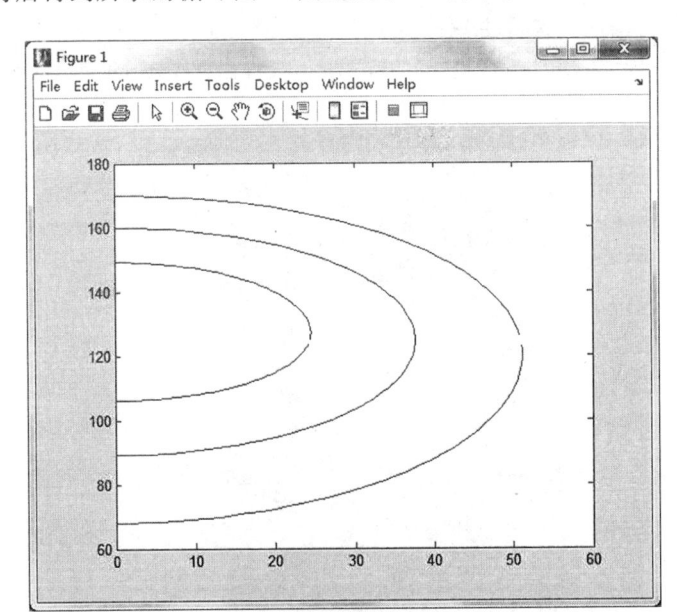

运行后得到所求的循环圆二维图如图 1-4 所示。

图 1-4　Matlab 求出的循环圆二维图

然后,根据求出的循环圆图,通过 Matlab 程序,输出循环圆的二维坐标,并导入 Pro/E 中。

第一步:首先导出其内外环和设计流线 X,Y 坐标,并将 Z 坐标全设为 0,将坐标点写入.ibl 文件。

第二步:因为选用的是 Pro/E 支持的.ibl 文件,所以在每条曲线前加上"Begin section Begin curve"字符段,如图 1-5 所示。

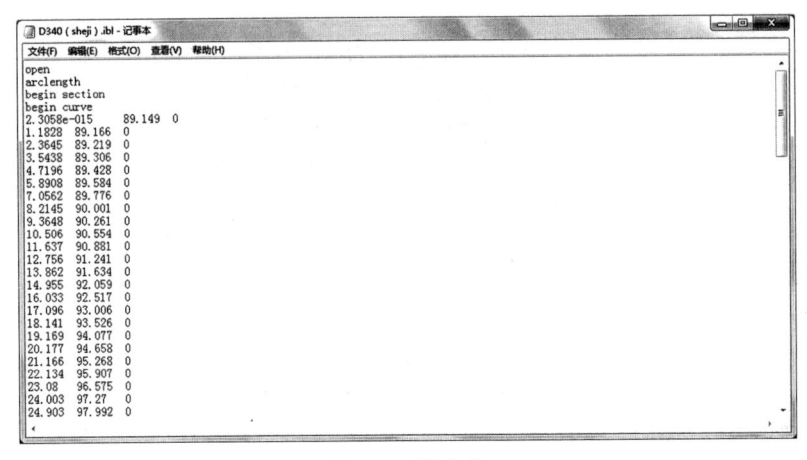

图 1-5　ibl 文件

其余的各曲线都是由各系列点坐标写入.ibl 文件。

第三步：由.ibl 文件生成曲线。

在 Pro/E 坐标系主界面选择"曲线"图标，会弹出如图 1-6 所示的对话框。

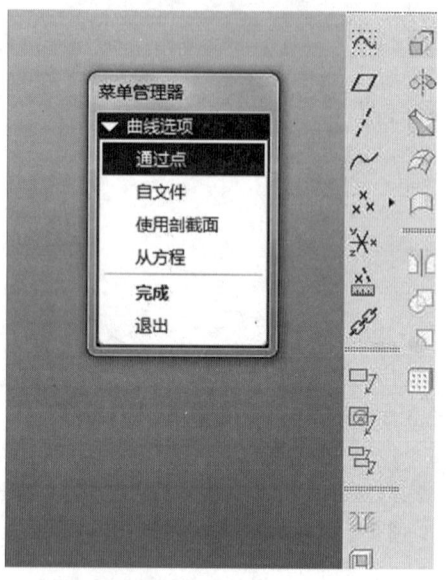

图 1-6　Pro/E 生成曲线操作界面

继续选择"自文件"，从电脑中找到要导入的.ibl 文件，单击"确定""完成"，最后会在最表面上得到想要的曲线。

第四步：用 Pro/E 中的对称功能，首先选择导入的内环、外环、设计流线，然后选择"对称"命令，最后选择对称面，就得到了所求的完整的循环圆，如图 1-7 所示。

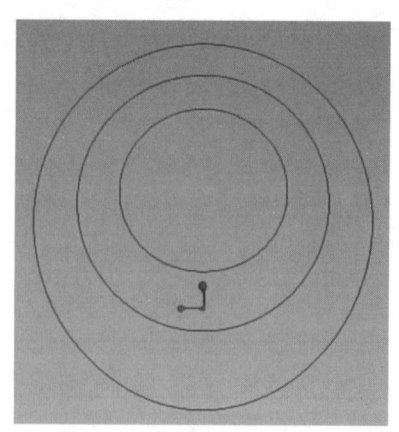

图 1-7　Pro/E 画出的循环圆

1.4 叶片设计

叶片的设计在液力变矩器设计的整个设计过程中是十分重要的。现在，叶片的设计在很大程度上还是依赖于设计经验和实验统计规律。经常用的叶片设计方法是环量分配法。环量分配法理论的基础是束流理论，也就是在选定的设计速比下，循环圆平面的中间流线上每增加相同的弧长，液流沿着叶片中间流线也对应会增加相同的动量矩，用来保证流道内的液流流动状况的良好。但是这种设计方法作图工作量很大，反复率也比较高，所以使得液力变矩器的设计周期长。设计出来的叶片也偏薄，叶片曲线不圆滑，不能满足使用需求。本文参考美国国家航空委员会 NACA 4 数字翼型的原始方程，给出了适用于液力变矩器叶片设计的方程，再运用计算机辅助技术，使用 Matlab、Pro/E 等软件辅助工具，很大程度地减少了设计者的工作量，提高了叶型的质量。

叶片参数设计要求：泵轮进口角 120°，出口角 146°

涡轮进口角 48°，出口角 153°

导轮进口角 122°，出口角 18°

合理的叶片造型方法是叶轮机械设计的基础，贝赛尔曲线自被提出以来，由于其简易性、灵活性的特点而被广泛应用于叶片造型中。下面对贝赛尔曲线进行简要的介绍。

1.4.1 贝赛尔曲线概述

贝赛尔曲线于 1962 年被法国雷诺汽车公司的 Bezier 提出，其基于控制点的构造方式使设计人员可以将曲线的表达与几何结合起来，可以直观地通过改变控制点来修改曲线形状，用于形状设计时更自然，其算法具有直观的几何风格而非晦涩的代数风格。

贝赛尔曲线之所以被广泛应用到叶轮机械叶片设计中，是因为如下特点。

①端点性质，即曲线起点和终点分别与控制多边形起点、终点重合，由两端点处导矢公式可知，曲线起点、终点处切矢也和控制多边形起点及终点处两个控制点方向一致。

②逼近性及凸包性，即控制多边形可以很好地逼近曲线的形状，曲线包含在控制点形成的凸包内。给定控制点，即可较直观地得到曲线形状，且曲

线形状可以通过对应控制点进行改变,而传统的幂基多项式表达曲线时其系数并不具有几何意义。

③变差减少性,即任意直线和曲线的交点个数不多于它和曲线的控制多边形的交点个数,这表明贝赛尔曲线大体沿着它的控制多边形前进。

④仿射不变性,即对曲线进行旋转、移动、缩放等变换,其表达形式不变,只是控制点发生了改变,对曲线的变换操作就可以简化为对控制点的变换。

贝赛尔曲线形式表达曲线的方法几何意义更强,可以通过定义、修改控制点来对曲线进行操作,使曲线设计更直观、简洁,自被提出以来,便迅速得到广泛的应用。

液力变矩器在 1905 年被发明后,就逐渐得到广泛应用,特别是在"二战"期间(1939—1945 年)液力变矩器更是被广泛应用到各种重型军用车辆上,并且其设计方法也得到较快的发展和完善。贝赛尔曲线于 1962 年才被正式提出,随后有理贝赛尔曲线、B 样条、非均匀有理 B 样条(NURBS)才渐渐被提出并被广泛应用。在传统的液力变矩器叶型设计中,由于当时曲线表达方式的匮乏,往往选取较简单的多项曲线、圆锥曲线等进行骨线的表达。传统的液力变矩器叶型骨线设计有以下几种方法:第一种方法是按入口角和出口角作直线,中间用圆弧相切,这种方法有随意性,需要具有丰富的经验来设计。第二种方法按叶片每段动量矩相等,以便使叶片每段受力均匀,由此确定各段的角度绘出叶形。第三种方法是用两段圆弧组成叶片骨线,使叶片过渡光滑。第四种方法是入口段和出口段为直线,中间用抛物线过渡的方法。经统计,现有多种液力变矩器叶片形状大多由直线—抛物线—直线的方式组成。

直线—抛物线—直线形式叶片骨线具有表达简洁、参数少等优点,但是其适应性较低,不能精确地表达由圆弧或其他自由曲线组成的叶片骨线。特别是一些冲压型液力变矩器,为了改善内部流动,其叶片往往更平滑,入、出口处没有明显的直线特征,故亟须寻找一种新的叶片骨线表达方法,使其在能够精确表达传统设计方法的基础上,提高叶片造型的适应性及灵活性。贝赛尔曲线可以精确地对抛物线、直线进行表达,同时,三次贝赛尔曲线能够对圆弧进行较精确的拟合(误差为千分之一),且其设计具有几何风格,十分适合于电脑辅助设计,同时相对于 NURBS 来说,贝赛尔曲线更简洁、参数更少,所以在这里,选取贝赛尔曲线来构造液力变矩器叶片骨线。

对于叶片厚度分布来说,通过对已有多种液力变矩器叶片厚度分布规律的研究表明,对于铸造型叶轮,往往采用流线型变厚度分布叶片,且一般通过入口到最大厚度间用二次多项式、最大厚度到出口间用三次多项式能够较精确地对厚度分布进行拟合。在这里,为了建立液力变矩器叶型的全参数化设计,也选用贝赛尔曲线来构造叶片厚度分布规律,贝赛尔曲线能够对已有设计方法进行精确的表达,同时能够大大提高叶片厚度分布规律的适应性。已有文献证明,贝赛尔曲线能够对大部分 NACA 流线型标准叶片厚度分布进行精确的拟合。

1.4.2　叶片三维造型流程

由于叶片加工工艺的限制及曲线表达形式的匮乏,传统液力变矩器的叶片设计采用直线—抛物线—直线三段显式多项式曲线来构造叶片骨线,再采用有限点厚度分布进行手工叶片二维型线的绘制,最后通过保角变换法将二维型线映射到三维循环圆曲面上。传统叶片设计方法灵活性差,同时保角变换误差大,使其不能适应新形势下液力变矩器的叶片设计需求。本书提出了一种基于贝赛尔曲线的设计液力变矩器叶片型线的方法,然后根据保形变换方法,形成一套适应性高并且可逆的叶片参数化的设计方法。

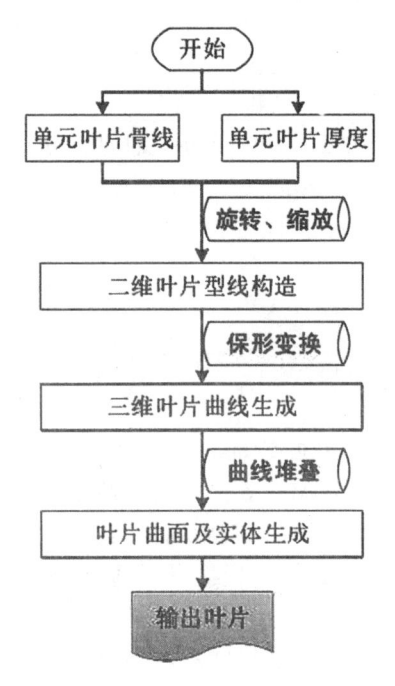

图 1-8　三维叶片构造流程

图 1-8 所示为新型叶片设计方法的三维叶片构造流程,首先采用贝赛尔曲线分别进行单元叶片骨线和单元叶片厚度的构造,随后对单元叶片骨线和厚度进行旋转、缩放获得实际的叶片骨线和厚度,再将厚度施加到叶片骨线上,构造实际叶片二维型线,然后利用保形变换法将二维型线映射到空

间形成叶片三维曲线,最后利用曲线堆叠法进行叶片三维实体的构造。

1.4.3 叶片骨线方程

按照 NACA 4 数字翼形的原始方程,叶片骨线的方程可以表示为:

$$y_c = \frac{m}{p^2} x \left(2p - \frac{x}{c}\right) \quad (0 \leqslant x \leqslant p \cdot c) \tag{1-18}$$

$$y_c = \frac{m}{(1-p)^2} \left[(1-2p)c + 2px - \frac{x^2}{c}\right] \tag{1-19}$$

式中:y_c——骨线曲线的函数;

c——弦长,即叶片展开长度;

m——4 数字翼形中第 2 位参数,即从叶片进口点到骨线最大拱高处的距离占弦长的比例。

这里,c,m,p 需要确定,由此需引入另外几个方程。叶片骨线上任意点的斜率方程:

$$\frac{\mathrm{d}y_c}{\mathrm{d}y_x} = \tan\theta \tag{1-20}$$

式中:θ——叶片骨线上任意点处切线与 x 轴的夹角。

如图 1-21 所示,在 $x=0$ 和 $x=c$ 时,骨线与 x 轴的夹角分别为 θ_1 和 θ_2,此时对式(1-21)、式(1-22)分别求导得:

$$\frac{2m}{p} = \tan\theta_1 \tag{1-21}$$

$$\frac{2m}{p-1} = \tan(\pi - \theta_2) \tag{1-22}$$

可见,m,p 只与 θ_1 和 θ_2 有关。

变矩器的叶片一般会和叶轮轴向形成一定的角度,设这个角度为 γ,b 为液力变矩器叶片任一过流断面处的骨线在投影展开图中的长度,在变矩器循环圆确定之后,它的内外环以及中间流线处在投影展开图中的长度即作为已知量。叶片中间流线处的骨线在投影展开图中的进出口角是用水力计算得出的,也为已知量,然后结合反式流分布理论,其内外环骨线在投影展开图中的进出口角即为已知。以叶片内环投影展开图为例,β_1,β_2 分别是进出口角。坐标系逆时针旋转 γ 角度后,则有:

$$\theta_1 = 90° - \beta_1 - \gamma \tag{1-23}$$

$$\theta_2 = \beta_2 - 90° + \gamma \tag{1-24}$$

将公式代入,得到:

$$m = \frac{c\tan(\beta_1 + \gamma) \cdot c\tan(\beta_2 + \gamma)}{2[c\tan(\beta_2 + \gamma) - c\tan(\beta_1 + \gamma)]} \tag{1-25}$$

$$p=\frac{c\tan(\beta_2+\gamma)}{c\tan(\beta_2+\gamma)-c\tan(\beta_1+\gamma)} \tag{1-26}$$

为求未知数 γ 引入混合因子 α，θ_1 可以由 β_1，β_2 表示。

$$\theta_1=\alpha(\beta_2-\beta_1) \tag{1-27}$$

混合因子 α 在 $(0,1)$ 范围内选取，作用是表明骨线上叶片进出口角的切线交点所在位置。α 接近于 1 时，交点靠近叶片入口，如果 α 在 0 附近，交点靠近叶片出口。通过对现有的性能良好的翼形的分析，α 作为设计参数通常在 $(0.6,0.75)$ 范围内选取。θ_1 确定后可得 γ 值。

未知数 c 和已知量 b 的关系：

$$c=\frac{b}{\cos\gamma} \tag{1-28}$$

液力变矩器的叶片外环骨线的投影展开图和内环是一样的，至此，就可以确定变矩器叶片骨线的投影展开图方程。

1.4.4 叶片轮廓方程

$$\begin{cases} x_U=x-y_1\sin\theta \\ y_U=y+y_1\cos\theta \\ x_L=x+y_1\sin\theta \\ y_L=y-y_1\cos\theta \end{cases} \tag{1-29}$$

式中：下标 U——叶型上部的轮廓线；

下标 L——叶型底部的轮廓线；

y_1——骨线上任一点处叶片厚度的一半。

由 NACA 4 数字翼形叶片厚度公式得：

$$y_t=\frac{tc}{0.2}\left[\begin{array}{l}0.2969\sqrt{\dfrac{x}{c}}-0.1260\dfrac{x}{c}-\\ 0.3516\left(\dfrac{x}{c}\right)^2+0.2843\left(\dfrac{x}{c}\right)^3-\\ 0.1015\left(\dfrac{x}{c}\right)^4\end{array}\right] \tag{1-30}$$

式中：t——4 数字翼型中后 2 位参数，即中间流线处最大厚度和弦长的比值。

式(1-29)、式(1-30)应用于变矩器叶片投影展开图，则有：

$$\begin{cases} x'=x\cos\gamma-y\sin\gamma \\ y'=x\sin\gamma+y\cos\gamma \end{cases} \tag{1-31}$$

根据以上的原理进行 Matlab 编程，来计算液力变矩器叶型坐标。按照经验，给定混合因子 $\alpha=0.7$，中间流线处叶片的最大厚度为 8mm，代入上节所推导出的叶型方程之中,就能够得到泵轮内外环叶片投影图的一系列坐标值。

1.4.5 泵轮、涡轮、导轮叶片叶形设计

1. 泵轮叶片叶形设计

参数:泵轮进口角 120°,出口角 146°。

本书使用 Matlab 软件计算液力变矩器叶型坐标。已知叶片中间流线骨线在投影展开图中的进口角 120°、出口角 146°,循环圆各尺寸参数如图 1-9 所示。图中纵坐标轴 R 为变矩器径向方向,横坐标 Z 为变矩器轴向方向。

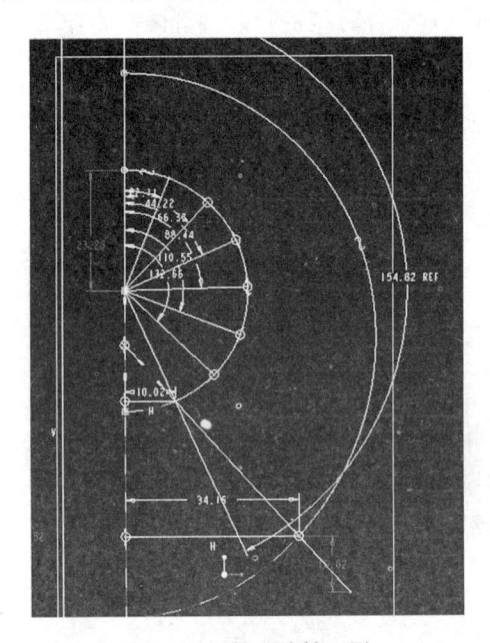

图 1-9 泵轮叶片轴面图

按照经验给定混合因子 $\alpha=0.7$,中间流线处叶片的最大厚度为 8mm,然后代入上节所推导的叶型方程中就可以得到泵轮内外环叶片投影图的一系列坐标值了。这里,需要的是叶片展开图的坐标值。其中的等分点数量可以按照需要在程序中自行调整,等分点越多,图形误差也就越小,曲线也越光滑,但是,等分点过多并没有什么意义,只需要目测曲线光滑连接即可,这里等分点数量取 51,Matlab 程序如图 1-10 所示。

根据叶片的内环展开图 1-11,需要的是叶片展开图的坐标值,所以按照变矩器叶片投影展开图手工绘图习惯,在 Matlab 中将坐标值逆时针旋转

```
>> t=8;
a=0.7;
bet1=120;
bet2=146;
b=14.15;
ct1=a*(bet2-bet1)
gam=90-bet1-ct1
ct2=bet2-90+gam
m=cotd(bet1+gam)*cotd(bet2+gam)/(2*(cotd(bet2+gam)-cotd(bet1+gam)))
p=cotd(bet2+gam)/(cotd(bet2+gam)-cotd(bet1+gam))
c=b/cosd(gam)
h= p*c
ctt=18.2:0.35686:0
xx=0:0.12242:p*c
yy=(m/p^2).*xx.*(2*p-xx/c)
ytt=((t*c)/0.2).*(0.2969*sqrt(xx/c)-0.1260*(xx/c)-0.3516*(xx/c).^2+0.2843*(xx/c).^3-0.1015*(xx/c).^4)
xuq=xx-ytt.*sind(ctt)
yuq=yy+ytt.*cosd(ctt)
xlq=xx+ytt.*sind(ctt)
ylq=yy-ytt.*cosd(ctt)
xuqs=xuq*cosd(gam)-yuq*sind(gam)
yuqs=xuq*sind(gam)+yuq*cosd(gam)
xlqs= xlq*cosd(gam)- ylq*sind(gam)
ylqs= xlq*sind(gam)+ ylq*cosd(gam)
x=p*c: 0.2938:c
ct=0:0.15294:7.8 % 手算
y=(m/(1-p)^2)*((1-2*p)*c+2*p.*x-(x.^2)/c)
yt=((t*c)/0.2).*(0.2969*sqrt(x/c)-0.1260*(x/c)-0.3516*(x/c).^2+0.2843*(x/c).^3-0.1015*(x/c).^4)
xu=x-yt.*sind(ct)
yu=y+yt.*cosd(ct)
xl=x+yt.*sind(ct)
yl=y-yt.*cosd(ct)
xus=xu*cosd(gam)-yu*sind(gam)
```

图 1-10　Matlab 求叶片内环展开图标程序图

90°并沿 X 轴水平移动到全部 X 坐标为正为止。其中等分点的数量可以按照需要在程序中调整，等分点越多，图形误差也就越小，曲线也越光滑，但是，等分点过多无益，只要目测曲线光滑连接即可。由此可以得出叶片的投影展开图。叶片的投影展开图对于实际生产并没有直接的用处，还需要将展开图根据等角射影原理在内外环面上做出正投影图，并在叶片的展开图上做出分割线，然后按照等角射影关系，将叶片展开图上的点反投回到变矩器内外环面的系列圆上，如图 1-12 所示，就能够得到叶片加工所需要的三维坐标点了。最后，将 Matlab 中计算所得的点坐标导入 Pro/E 中生成三维叶片，如图 1-13 所示。可见由 NACA 4 数字系列方程得到的叶片形状具有良好的流线性，内环到外环的过渡平滑，减小了液流流线的变化，也就是减小了流道堵塞和涡流损失，从而提高了变矩器的效率。

然后画出各圆，对其进行投影（图 1-13）。

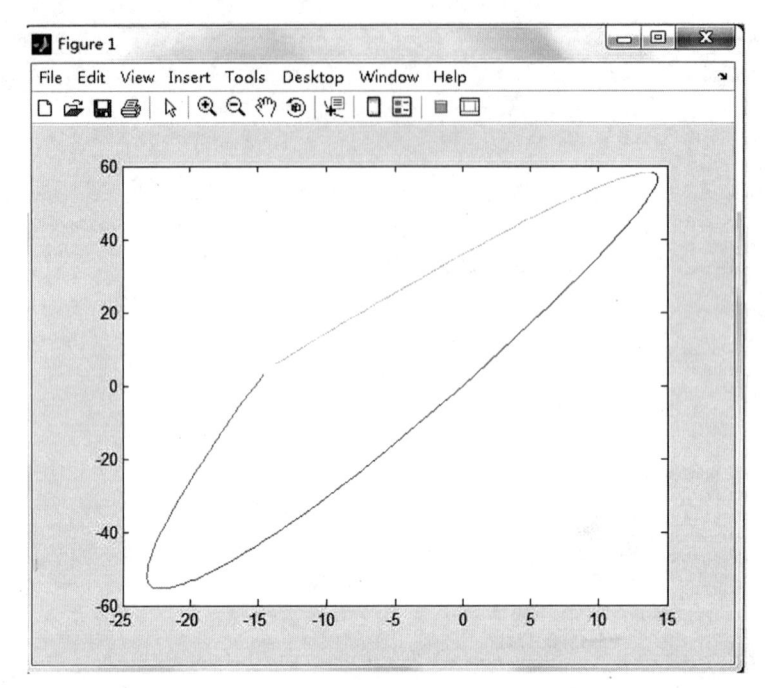

图 1-11　液力变矩器泵轮叶片内环展开图

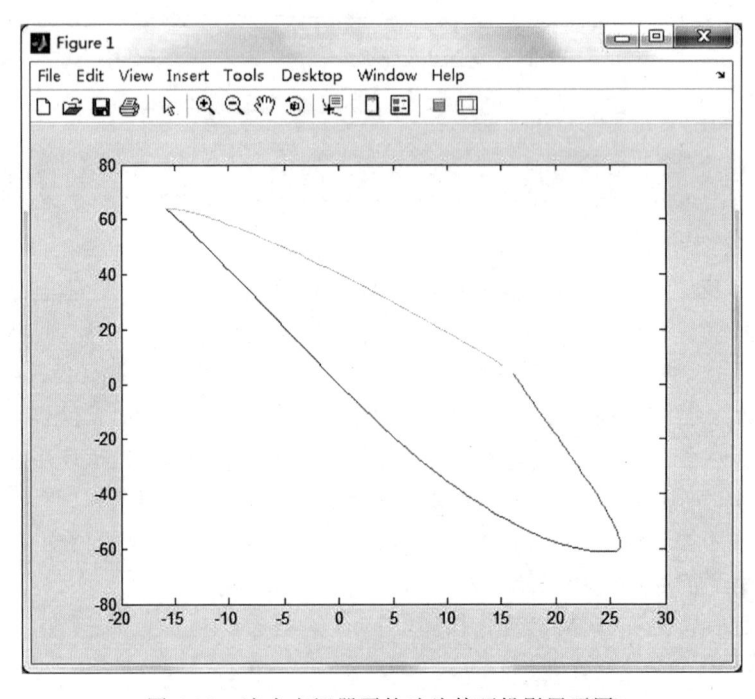

图 1-12　液力变矩器泵轮叶片外环投影展开图

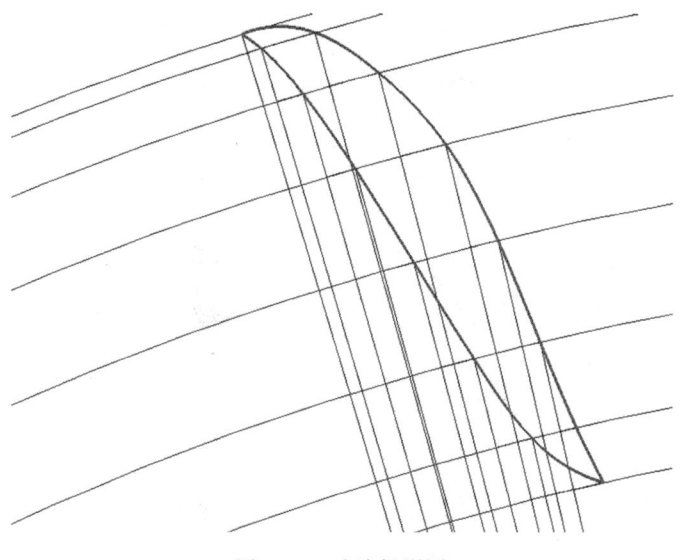

图 1-13 叶片投影图

得出所求的叶片三维投影图(图 1-14)。

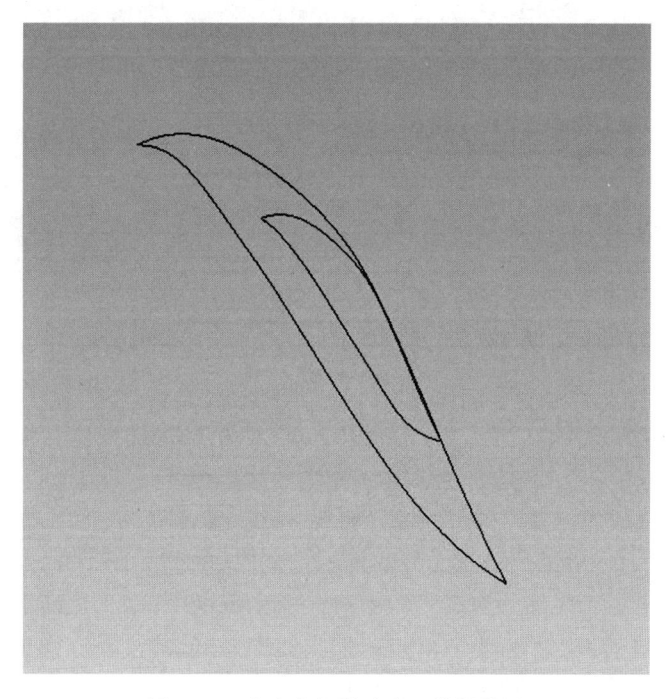

图 1-14 液力变矩器叶片三维投影图

然后将液力变矩器叶片三维投影图曲线的二维坐标分别写入.ibl文件中。

2. 涡轮叶片叶形设计

参数涡轮进口角48°，出口角153°。

涡轮的设计和泵轮一样，将程序进出口角改为对应数据，并将程序中手算部分修改后运行，然后将循环圆部分分成7部分，画出液力变矩器叶片三维投影图，并将液力变矩器涡轮叶片三维投影图的二维坐标写入.ibl文件中。

3. 导轮叶片叶形设计

导轮叶片的进口角为122°，出口角为18°。

导轮设计和泵轮、涡轮也是一样，并将得到的液力变矩器导轮叶片三维投影图二维坐标写入.ibl文件中。

1.5 基于Pro/E叶片的三维模型设计

根据求出来的液力变矩器泵轮叶片外环投影展开图，利用等角射影原理在内外环面上做出正投影图。在叶片展开图上做出分割线，按照等角射影关系，将叶片展开图上的点反投回到变矩器内外环面的系列圆上，作出液力变矩器叶片三维投影图。由于它们是在同一坐标系作出来的，所以它们依然是二维的，此时需要求出液力变矩器内外环叶片三维投影图之间的距离，也就是Z坐标。根据偏移量公式，可以求出各点的Z坐标。

测出各点间的Z坐标后，写入求出的液力变矩器叶片三维投影图中的.ibl文件中作为Z坐标，然后由.ibl文件生成曲线。

在Pro/E坐标系主界面选择"曲线"图标，会弹出一个对话框：继续选择"自文件"，从电脑中找到要导入的.ibl文件，单击"确定""完成"，最后会在最表面上得到想要的曲线。然后由曲线生成曲面，在生成曲线的坐标面中，选择"边界混合"，按住Ctrl键，依次选中要混合的曲线，就会得到一个空间型的光滑曲面，得到最终的叶片叶形三维模型图，如图1-15~图1-17所示。

第 1 章 液力变矩器设计

图 1-15 泵轮叶形   图 1-16 涡轮叶形

图 1-17 导轮叶形

第 2 章　两轴式手动变速器设计

手动定轴式变速器具有优良的操纵感和很好的节油性能，使其在国内市场占有较大比重。手动变速箱的内部主要是一系列的机械零部件，如齿轮、轴承、轴、同步器和壳体等，在工作过程中巧妙地将不同的齿轮副进行排列组合，形成汽车行驶中所需要的速比，从而将从发动机传递过来的动力在经过齿轮箱之后产生变速和变矩性能。

2.1　设计方案与基本数据

乘用车二轴式变速箱设计参数如表 2-1 及表 2-2 所示。

表 2-1　设计基本参数表

最大功率	85kW
最大转矩	149N·m
整车总质量	1600kg
最大功率转速	6000r/min
前轮胎规格	185/60 R14
驱动形式	前置前驱

表 2-2　各挡传动比

挡数	1挡	2挡	3挡	4挡	5挡	R挡
传动比	3.50	1.94	1.36	0.97	0.84	3.03

2.2 变速器设计的基本要求

对变速器如下基本要求如下。
①确保汽车有一定的动力性能和经济性能。
②空挡位的设置，能使汽车停止时不熄火，使传递的动力中断。
③倒挡的设置，可以使汽车后退。
④输出装置的稳定性，能正常地进行功率输出。
⑤换挡迅速，省力、方便。
⑥工作一定要稳定，不能发生乱挡跳挡的现象。
⑦确保工作效率高效。

除此之外，变速器还应当满足箱体尺寸和总重量较小，生产成本要低廉，维修要简单方便。满足汽车有必定动力性能和经济性能的指标，这和传动比的大小，变速器有几个挡位和每个挡位的传动比有影响。汽车工作的路况越复杂多变，相邻传动比相差较小，设计的挡位就要越多。

2.3 变速器主要参数的确定

2.3.1 挡数

现在汽车的挡数越来越多，从只有两个挡位发展到有的甚至多到14个挡位。现在人们的需求越来越多，随之而来的就是挡位个数的多样化。汽车挡位的变多，不只是人们需求的原因，更多的是汽车变速器的相邻的低挡和高挡之间的传动比邻近，让换挡简单易操作，提高了汽车的效率。挡位的增加也会使汽车有一个特别好的特性，那就是提高了汽车的节油能力。但汽车挡位的增多不是越多越好，有时候太多也提高了操作难度。所以一般汽车的挡位都设置在一个人单手手指个数的挡位数，5挡或者6挡的汽车是现在汽车发展的方向。本次设计的就是5挡变速器。

2.3.2 初算中心距

二轴式手动变速箱的中心距是输入轴心到输出轴心的距离,中间轴式的手动变速箱的中心距是中间轴心到输出轴心的距离。

$$A = K_A \sqrt[3]{T_{emax} i_1 \eta_g} \tag{2-1}$$

式中:A——中心距(mm);

K_A——中心距系数,乘用车:$K_A = 8.9 \sim 9.3$;

η_g——传动效率为96%。

$T_{emax} = 149 \text{N·m}, i_1 = 3.50$

$$A = K_A \sqrt[3]{T_{emax} i_1 \eta_g}$$
$$= (8.9 \sim 9.3) \sqrt[3]{149 \times 3.50 \times 96\%}$$
$$= 70.67 \sim 73.85 \text{mm}$$

初取 $A = 72$ mm。

2.4 齿轮设计计算

2.4.1 模数 m

汽车变速器齿轮法向模数及常用齿轮模数如表2-3和表2-4所示。

表2-3 汽车变速器齿轮法向模数

车型	乘用车的发动机排量 V/L		货车的最大总质量 m_a/t	
	$1.0 < V \leqslant 1.6$	$1.6 < V \leqslant 2.5$	$6.0 < m_a \leqslant 14.0$	$m_a > 14.0$
模数 m_n/mm	2.25~2.75	2.75~3.00	3.50~4.50	4.50~6.00

表2-4 汽车变速器常用齿轮模数

一系列	1.00	1.25	1.5	2.00	2.50	3.00	4.00	5.00	6.00
二系列	1.75	2.25	2.75	3.25	3.50	3.75	4.50	5.50	—

根据表 2-3、表 2-4 和发动机的排量为 1.6V/L,本次设计一挡齿轮和二挡齿轮模数取 2.5mm,三挡齿轮、四挡齿轮和五挡齿轮模数取 2.25mm,倒挡齿轮模数一般和一挡齿轮模数相同,取 2.5mm。

2.4.2 压力角 α

本次设计变速箱全部齿轮的 α 取 20°。

2.4.3 螺旋角 β

斜齿轮的 β 选用的范围为 20°～25°,初定的螺旋角 β 等于 22°。

2.4.4 齿宽 b

齿轮的宽度对变速箱的轴向的长度有较大的影响,考虑到尽量降低变速器的质量和缩小变速箱的轴向长度,尺宽的尺寸应尽量地选用小的。但是减小齿轮的宽度会使齿轮工作时的稳定性降低,还会把运行时的工作应力变大。使用宽齿轮时会使变速器的轴向发生变形而使轴上的齿轮歪斜,然后使齿轮磨损不均匀。现在齿轮宽度的选择一般是通过齿轮的模数来选择的。

直齿轮:$b=K_c m$,K_c 的范围是 4.5～8.0(这里取 K_c 为 7.0),所以把倒挡齿轮齿宽定为 17.5mm。

斜齿轮:$b=K_c m_n$,K_c 取到 6.0～8.5(这里取 K_c 为 7.0)。这次一挡齿轮、二挡齿轮的齿轮宽设定为 17.5mm,三挡齿轮、四挡齿轮和五挡齿轮齿宽设定为 15.75mm。

2.5 齿数的分配

用初选的中心距和给定的初始传动比来确定各挡位的齿轮的齿数。一挡齿轮、二挡齿轮、三挡齿轮、四挡齿轮和五挡齿轮用斜齿轮,斜齿轮的优点是降低汽车行驶时的噪声,直齿轮一般用在倒挡齿轮上。

2.5.1 齿轮齿数的确定

一挡：$i_1 = \dfrac{z_2}{z_1} = 3.50, z_h = 2A\cos\beta / m_n$

$z_h = 2A\cos\beta / m_n = (2 \times 72\cos22)/2.5 = 53.41$，取 $z_h = 53$

取 $z_1 = 13, z_2 = 40$，得 $i_1 = 3.08$

二挡：$i_2 = \dfrac{z_4}{z_3} = 1.95, z_3 + z_4 = \dfrac{2A\cos\beta}{m_n} = 53.41$，取 $z_h = 53$

取 $z_3 = 18, z_4 = 35$，得 $i_2 = 1.94$

三挡：$i_3 = \dfrac{z_6}{z_5} = 1.36, z_5 + z_6 = \dfrac{2A\cos\beta}{m_n} = 59.34$，取 $z_h = 59$

取 $z_5 = 25, z_6 = 34$，得 $i_3 = 1.36$

四挡：$i_4 = \dfrac{z_8}{z_7} = 0.97, z_7 + z_8 = \dfrac{2A\cos\beta}{m_n} = 59.34$，取 $z_h = 59$

取 $z_7 = 30, z_8 = 29$，得 $i_4 = 0.97$

五挡：$i_5 = \dfrac{z_{10}}{z_9} = 0.81, z_9 + z_{10} = \dfrac{2A\cos\beta}{m_n} = 59.34$，取 $z_h = 59$

取 $z_9 = 32, z_{10} = 27$，得 $i_5 = 0.84$

各挡齿轮齿数如表 2-5 所示。

表 2-5 各挡齿轮齿数

挡数	1挡	2挡	3挡	4挡	5挡
输入齿轮齿数	13	18	25	30	32
输出齿轮齿数	40	35	34	29	27
确定的传动比	3.08	1.94	1.36	0.97	0.84

2.5.2 中心距的修正

因为计算齿数和 z_h 后，先前的齿轮算出来大部分都是小数，所以应根据一对齿数和对中心距进行修正。然后用已经修正的中心距对齿轮的齿全高、齿顶高、齿根高进行分配。

修正后中心距一二挡：$A' = \dfrac{m_n z_h}{2\cos\beta} = \dfrac{2.5 \times 53}{2 \times \cos22°} = 71.45\,\text{mm}$；

三四五挡：$A' = \dfrac{m_n z_h}{2\cos\beta} = \dfrac{2.25 \times 59}{2 \times \cos 22°} = 71.59 \text{mm}$，取修正后中心距为72mm。

2.5.3 确定倒挡齿轮齿数

倒挡齿轮取 $z_R = 21$

$$i_{倒} = \frac{z_{12}}{z_{11}} \cdot \frac{z_{13}}{z_{12}} \geqslant i_1 \qquad \frac{d_{a11}}{2} + \frac{d_{a13}}{2} + 0.5 \leqslant A$$

输入轴上的倒挡齿轮：$z_{11} = 11$；
倒挡轴上的倒挡齿轮：$z_{12} = 21$；
输出轴上的倒挡齿轮：$z_{13} = 41$。

输入轴和倒挡轴之间的距离：$A_1 = \dfrac{1}{2} m(z_R + z_{11}) = 40 \text{mm}$；

输出轴和倒挡轴之间的距离：$A_2 = \dfrac{1}{2} m(z_R + z_{13}) = 77.50 \text{mm}$。

2.5.4 确定齿轮参数

一挡变位后的参数：
查《机械设计手册》得变位系数和：
$$\xi = 0.30 (\xi_1 = 0.27; \xi_2 = 0.03)$$

中心距变位系数：
$$y_n = \frac{A - A'}{m_n} = \frac{72 - 71.45}{2.0} = 0.22$$

齿顶高变位系数：
$$\Delta y = \xi - y_n = 0.08$$

分度圆直径：
$$d_1 = \frac{m_n z_1}{\cos\beta} = 35.05 \text{mm}; \quad d_2 = \frac{m_n z_2}{\cos\beta} = 107.85 \text{mm}$$

齿顶高：
$$h_{a1} = (h_a^* + \xi_1 - \Delta y) m_n = 2.975 \text{mm};$$
$$h_{a2} = (h_a^* + \xi_2 - \Delta y) m_n = 2.375 \text{mm}$$

齿根高：
$$h_{f1} = (h_a^* + c^* - \xi_1) m_n = 2.45 \text{mm};$$
$$h_{f2} = (h_a^* + c^* - \xi_2) m_n = 3.05 \text{mm}$$

全齿高：
$$h_1 = h_{a1} + h_{f1} = 5.425\text{mm}; h_2 = h_{a2} + h_{f2} = 5.425\text{mm}$$

齿顶圆直径：
$$d_{a1} = d_1 + 2h_{a1} = 41\text{mm}; d_{a2} = d_2 + 2h_{a2} = 112.6\text{mm}$$

齿根圆直径：
$$d_{f1} = d_1 - 2h_{f1} = 30.15\text{mm}; d_{f2} = d_2 - 2h_{f2} = 101.75\text{mm}$$

当量齿数：
$$z_{n1} = \frac{z_1}{\cos\beta^3} = 16.31; z_{n2} = \frac{z_2}{\cos\beta^3} = 50.18$$

二挡齿轮变位后参数：

变位系数和：
$$\xi = 0.30; \xi_1 = 0.21; \xi_2 = 0.09$$

二挡齿轮的中心距变位系数：
$$y_n = \frac{A - A'}{m_n} = 0.22$$

齿顶高变位系数：
$$\Delta y = \xi - y_n = 0.08$$

分度圆直径：
$$d_3 = \frac{m_n z_3}{\cos\beta} = 48.53\text{mm}; d_4 = \frac{m_n z_4}{\cos\beta} = 94.37\text{mm}$$

齿顶高：
$$h_{a3} = (h_a^* + \xi_1 - \Delta y)m_n = 2.825\text{mm};$$
$$h_{a4} = (h_a^* + \xi_2 - \Delta y)m_n = 2.525\text{mm}$$

齿根高：
$$h_{f3} = (h_a^* + c^* - \xi_1)m_n = 2.6\text{mm};$$
$$h_{f4} = (h_a^* + c^* - \xi_2)m_n = 2.9\text{mm}$$

全齿高：
$$h_3 = 5.425\text{mm}; h_4 = 5.425\text{mm}$$

齿顶圆直径：
$$d_{a3} = d_3 + 2h_{a4} = 54.18\text{mm}; d_{a4} = d_4 + 2h_{a4} = 99.42\text{mm}$$

齿根圆直径：
$$d_{f3} = d_3 - 2h_{f3} = 43.33\text{mm}; d_{f4} = d_4 - 2h_{f4} = 88.57\text{mm}$$

当量齿数：
$$z_{n3} = \frac{z_3}{\cos\beta^3} = 22.58; z_{n4} = \frac{z_4}{\cos\beta^3} = 43.91$$

三挡齿轮变位后参数：
变位系数和：
$$\xi=0.21;\xi_1=0.15;\xi_2=0.06$$
三挡齿轮的中心距变位系数：
$$y_n=\frac{A-A'}{m_n}=0.182$$
齿顶高变位系数：
$$\Delta y=\xi-y_n=0.028$$
分度圆直径：
$$d_5=\frac{m_n z_5}{\cos\beta}=60.67\text{mm};d_6=\frac{m_n z_6}{\cos\beta}=82.51\text{mm}$$
齿顶高：
$$h_{a5}=(h_a^*+\xi_1-\Delta y)m_n=2.525\text{mm};$$
$$h_{a6}=(h_a^*+\xi_2-\Delta y)m_n=2.322\text{mm}$$
齿根高：
$$h_{f5}=(h_a^*+c^*-\xi_1)m_n=2.475\text{mm};$$
$$h_{f6}=(h_a^*+c^*-\xi_2)m_n=2.678\text{mm}$$
全齿高：
$$h_5=5\text{mm};h_6=5\text{mm}$$
齿顶圆直径：
$$d_{a5}=d_5+2h_{a5}=65.72\text{mm};d_{a6}=d_6+2h_{a6}=87.15\text{mm}$$
齿根圆直径：
$$d_{f5}=d_5-2h_{f5}=55.72\text{mm};d_{f6}=d_6-2h_{f6}=77.15\text{mm}$$
当量齿数：
$$z_{n5}=\frac{z_5}{\cos\beta^3}=31.36;z_{n6}=\frac{z_6}{\cos\beta^3}=42.66$$
四挡齿轮变位后参数：
变位系数和：
$$\xi=0.21;\xi_1=0.11;\xi_2=0.10$$
四挡齿轮的中心距变位系数：
$$y_n=\frac{A-A'}{m_n}=0.182$$
齿顶高变位系数：
$$\Delta y=\xi-y_n=0.028$$
分度圆直径：

$$d_7=\frac{m_n z_7}{\cos\beta}=72.80\text{mm};d_8=\frac{m_n z_8}{\cos\beta}=70.37\text{mm}$$

齿顶高：
$$h_{a7}=(h_a^*+\xi_1-\Delta y)m_n=2.435\text{mm};$$
$$h_{a8}=(h_a^*+\xi_2-\Delta y)m_n=2.124\text{mm}$$

齿根高：
$$h_{f7}=(h_a^*+c^*-\xi_1)m_n=2.565\text{mm};$$
$$h_{f8}=(h_a^*+c^*-\xi_2)m_n=2.588\text{mm}$$

全齿高：
$$h_7=5\text{mm};h_8=5\text{mm}$$

齿顶圆直径：
$$d_{a7}=d_7+2h_{a7}=77.67\text{mm};d_{a8}=d_8+2h_{a8}=75.19\text{mm}$$

齿根圆直径：
$$d_{f7}=d_7-2h_{f7}=67.67\text{mm};d_{f8}=d_8-2h_{f8}=65.15\text{mm}$$

当量齿数：
$$z_{n7}=\frac{z_7}{\cos\beta^3}=37.64;z_{n8}=\frac{z_8}{\cos\beta^3}=36.38$$

五挡齿轮变位后参数：

变位系数和：
$$\xi=0.21;\xi_1=0.12;\xi_2=0.09$$

五挡齿轮的中心距变位系数：
$$y_n=\frac{A-A'}{m_n}=0.182$$

齿顶高变位系数：
$$\Delta y=\xi-y_n=0.028$$

分度圆直径：
$$d_9=\frac{m_n z_9}{\cos\beta}=77.65\text{mm};d_{10}=\frac{m_n z_{10}}{\cos\beta}=65.52\text{mm}$$

齿顶高：
$$h_{a9}=(h_a^*+\xi_1-\Delta y)m_n=2.457\text{mm};$$
$$h_{a10}=(h_a^*+\xi_2-\Delta y)m_n=2.39\text{mm}$$

齿根高：
$$h_{f9}=(h_a^*+c^*-\xi_1)m_n=2.543\text{mm};$$
$$h_{f10}=(h_a^*+c^*-\xi_2)m_n=2.61\text{mm}$$

全齿高：
$$h_9=5\text{mm};h_{10}=5\text{mm}$$

齿顶圆直径：
$$d_{a9}=d_9+2h_{a9}=82.564\mathrm{mm}; d_{a10}=d_{10}+2h_{a10}=70.3\mathrm{mm}$$
齿根圆直径：
$$d_{f9}=d_9-2h_{f9}=72.564\mathrm{mm}; d_{f10}=d_{10}-2h_{f10}=60.3\mathrm{mm}$$
当量齿数：
$$z_{n9}=\frac{z_9}{\cos\beta^3}=40.15; z_{n10}=\frac{z_{10}}{\cos\beta^3}=33.87$$

倒挡齿轮变位后参数：

变位系数和：
$$\xi=0; \xi_1=0.40; \xi_2=-0.40; \xi_3=0.40; y_n=\frac{A-A'}{m_n}=0$$

齿顶高变位系数：
$$\Delta y=\xi-y_n=0$$

分度圆直径：
$$d_{11}=z_{11}m_n=27.5\mathrm{mm}; d_{12}=z_{12}m_n=52.50\mathrm{mm};$$
$$d_{13}=z_{13}m_n=102.5\mathrm{mm}$$

齿顶高：
$$h_{a11}=(h_a^*+\xi_1-\Delta y)m_n=3.5\mathrm{mm};$$
$$h_{a12}=(h_a^*+\xi_2-\Delta y)m_n=1.5\mathrm{mm};$$
$$h_{a13}=(h_a^*+\xi_3-\Delta y)m_n=3.5\mathrm{mm}$$

齿根高：
$$h_{f11}=(h_a^*+c^*-\xi_1)m_n=2.125\mathrm{mm};$$
$$h_{f12}=(h_a^*+c^*-\xi_2)m_n=4.125\mathrm{mm};$$
$$h_{f13}=(h_a^*+c^*-\xi_3)m_n=2.125\mathrm{mm}$$

全齿高：
$$h_{11}=5.625\mathrm{mm}; h_{12}=5.625\mathrm{mm}; h_{13}=5.625\mathrm{mm}$$

齿顶圆直径：
$$d_{a11}=d_{11}+2h_{a11}=34.5\mathrm{mm};$$
$$d_{a12}=d_{12}+2h_{a12}=55.5\mathrm{mm};$$
$$d_{a13}=d_{13}+2h_{a13}=109.5\mathrm{mm}$$

齿根圆直径：
$$d_{f11}=d_{11}-2h_{f11}=23.25\mathrm{mm};$$
$$d_{f12}=d_{12}-2h_{f12}=44.25\mathrm{mm};$$
$$d_{f13}=d_{13}-2h_{f13}=98.25\mathrm{mm}$$

把以上数据制成表2-6。

表 2-6 各挡齿轮参数汇总

齿轮	分度圆直径/mm	齿顶高/mm	齿根高/mm	全齿高/mm	齿顶圆直径/mm	齿根高直径/mm	当量齿数
一挡输入齿轮	35.05	2.975	2.45	5.425	41	30.15	16.31
一挡输出齿轮	107.85	2.375	3.05	5.425	112.6	101.75	50.18
二挡输入齿轮	48.53	2.825	2.6	5.425	54.18	43.33	22.58
二挡输出齿轮	94.37	2.525	2.9	5.425	99.42	88.57	43.91
三挡输入齿轮	60.67	2.525	2.475	5	65.72	55.72	31.36
三挡输出齿轮	82.51	2.322	2.678	5	87.15	77.15	42.66
四挡输入齿轮	72.8	2.435	2.565	5	77.67	67.67	37.64
四挡输出齿轮	70.37	2.124	2.588	5	75.19	65.15	36.38
五挡输入齿轮	77.65	2.457	2.543	5	82.564	72.564	40.15
五挡输出齿轮	65.52	2.39	2.61	5	70.3	60.30	33.87
倒挡输入齿轮	27.5	3.5	2.125	5.625	34.5	23.25	—
倒挡齿轮	52.5	1.5	4.125	5.625	55.5	44.25	—
倒挡输出齿轮	102.5	3.5	2.125	5.625	109.5	98.25	—

2.6 齿轮的校核

2.6.1 齿轮加工方法及材料

变速器的各个零件的材料大致相同,也不过几种。现在国内的技术已经达到国外的水平,但是在材料方面国内还是短板。所以现在对于提高机械行业的发展从发掘新材料入手,合成材料也是未来发展的趋势。齿轮材料的后续加工也可改变材料的疲劳强度和抗弯能力,所以后续的热处理也是非常重要的工序。这里材料选 20CrMnTi。

2.6.2 计算各轴的转矩

发动机：
$$T_{emax}=149\text{N·m};\eta_{齿}=98\%;\eta_{离}=98\%;\eta_{承}=98\%$$

输入轴：
$$T_入=T_{emax}\cdot\eta_离\cdot\eta_承=149\times0.98\times0.98=143.1\text{N·m}$$

输出轴一挡：
$$T_{21}=T_入\eta_承\eta_{i1}=143.1\times0.98\times0.98\times3.08=423.29\text{N·m}$$

输出轴二挡：
$$T_{22}=T_入\eta_承\eta_{i2}=143.1\times0.98\times0.98\times1.94=266.434\text{N·m}$$

输出轴三挡：
$$T_{23}=T_入\eta_承\eta_{i3}=143.1\times0.98\times0.98\times1.36=186.909\text{N·m}$$

输出轴四挡：
$$T_{24}=T_入\eta_承\eta_{i4}=143.1\times0.98\times0.98\times0.97=133.310\text{N·m}$$

输出轴五挡：
$$T_{25}=T_入\eta_承\eta_{i5}=143.1\times0.98\times0.98\times0.84=115.444\text{N·m}$$

倒挡轴：
$$T_{倒1}=T_入\eta_承\eta_{i11-12}=143.1\times0.98\times0.98\times1.91=262.497\text{N·m}$$
$$T_{倒2}=T_{倒1}\eta_承\eta_{i12-13}=143.1\times0.98\times0.98\times1.95=491.60\text{N·m}$$

2.6.3 齿轮弯曲强度计算

斜齿轮弯曲应力 σ_w：
$$\sigma_w=\frac{2T_g\cos\beta K_\sigma}{\pi z m_n^3 y K_c K_\varepsilon} \tag{2-2}$$

式中：K_σ——应力集中系数，$K_\sigma=1.50$；
   y——齿形系数；
   K_ε——重合度影响系数，$K_\varepsilon=2.0$；
   $[\sigma]$——180~350MPa。

一挡齿轮的弯曲应力：
$$z_1=13;z_2=40;y_1=0.146;y_2=0.158;$$
$$T_1=T_入=143.10\text{N·m};T_{21}=423.29\text{N·m};\beta=22°$$

$$\sigma_{w1} = \frac{2T_1\cos\beta K_\sigma}{\pi z_1 m_n^3 y_1 K_c K_\varepsilon}$$

$$= \frac{2\times143.1\times\cos22°\times1.50}{3.14\times13\times2.5^3\times0.146\times7.0\times2.0}\times10^3$$

$$=282.13\text{MPa}<180\sim350\text{MPa}$$

$$\sigma_{w2} = \frac{2T_{21}\cos\beta K_\sigma}{\pi z_2 m_n^3 y_2 K_c K_\varepsilon}$$

$$= \frac{2\times423.29\times\cos22°\times1.50}{3.14\times40\times2.5^3\times0.158\times7.0\times2.0}\times10^3$$

$$=271.23\text{MPa}<100\sim250\text{MPa}$$

二挡齿轮的弯曲应力：

$$z_3=18; z_4=35; y_3=0.149; y_4=0.158;$$

$$T_3=T_入=143.10\text{N}\cdot\text{m}; T_{22}=266.434\text{N}\cdot\text{m}; \beta=22°$$

$$\sigma_{w3} = \frac{2T_3\cos\beta K_\sigma}{\pi z_3 m_n^3 y_3 K_c K_\varepsilon}$$

$$= \frac{2\times143.1\times\cos22°\times1.50}{3.14\times18\times2.5^3\times0.149\times7.0\times2.0}\times10^3$$

$$=216.07\text{MPa}<180\sim350\text{MPa}$$

$$\sigma_{w4} = \frac{2T_{22}\cos\beta K_\sigma}{\pi z_4 m_n^3 y_4 K_c K_\varepsilon}$$

$$= \frac{2\times266.434\times\cos22°\times1.50}{3.14\times35\times2.5^3\times0.158\times7.0\times2.0}\times10^3$$

$$=195.11\text{MPa}<100\sim250\text{MPa}$$

三挡齿轮的弯曲应力：

$$z_5=25; z_6=34; y_5=0.152; y_6=0.155;$$

$$T_5=T_入=143.10\text{N}\cdot\text{m}; T_{23}=186.909\text{N}\cdot\text{m}; \beta=22°$$

$$\sigma_{w5} = \frac{2T_5\cos\beta K_\sigma}{\pi z_5 m_n^3 y_5 K_c K_\varepsilon}$$

$$= \frac{2\times143.1\times\cos22°\times1.50}{3.14\times25\times2.25^3\times0.152\times7.0\times2.0}\times10^3$$

$$=209.19\text{MPa}<180\sim350\text{MPa}$$

$$\sigma_{w6} = \frac{2T_{23}\cos\beta K_\sigma}{\pi z_6 m_n^3 y_6 K_c K_\varepsilon}$$

$$= \frac{2\times186.909\times\cos22°\times1.50}{3.14\times34\times2.25^3\times0.155\times7.0\times2.0}\times10^3$$

$$=197.02\text{MPa}<100\sim250\text{MPa}$$

四挡齿轮的弯曲应力：

$$z_7=30; z_8=29; y_7=0.155; y_8=0.153;$$
$$T_7=T_入=143.10\text{N}\cdot\text{m}; T_{24}=133.31\text{N}\cdot\text{m}; \beta=22°$$

$$\sigma_{w7}=\frac{2T_7\cos\beta K_\sigma}{\pi z_7 m_n^3 y_7 K_c K_\varepsilon}$$

$$=\frac{2\times143.1\times\cos22°\times1.50}{3.14\times30\times2.25^3\times0.155\times7.0\times2.0}\times10^3$$

$$=170.95\text{MPa}<180\sim350\text{MPa}$$

$$\sigma_{w8}=\frac{2T_{24}\cos\beta K_\sigma}{\pi z_8 m_n^3 y_8 K_c K_\varepsilon}$$

$$=\frac{2\times133.31\times\cos22°\times1.50}{3.14\times29\times2.25^3\times0.153\times7.0\times2.0}\times10^3$$

$$=166.9\text{MPa}<100\sim250\text{MPa}$$

五挡齿轮的弯曲应力：

$$z_9=32; z_{10}=27; y_9=0.157; y_{10}=0.151;$$
$$T_9=T_入=143.10\text{N}\cdot\text{m}; T_{25}=115.444\text{N}\cdot\text{m}; \beta°=22°$$

$$\sigma_{w9}=\frac{2T_9\cos\beta K_\sigma}{\pi z_9 m_n^3 y_9 K_c K_\varepsilon}$$

$$=\frac{2\times143.1\times\cos22°\times1.50}{3.14\times32\times2.25^3\times0.157\times7.0\times2.0}\times10^3$$

$$=158.22\text{MPa}<180\sim350\text{MPa}$$

$$\sigma_{w10}=\frac{2T_{25}\cos\beta K_\sigma}{\pi z_{10} m_n^3 y_{10} K_c K_\varepsilon}$$

$$=\frac{2\times115.444\times\cos22°\times1.50}{3.14\times27\times2.25^3\times0.151\times7.0\times2.0}\times10^3$$

$$=157.29\text{MPa}<100\sim250\text{MPa}$$

倒挡齿轮的弯曲应力：

$$z_{11}=11, z_{12}=21, z_{13}=41, y_{11}=0.153, y_{12}=0.129, y_{13}=0.172,$$
$$T_{11}=T_入=143.1\text{N}\cdot\text{m}, T_{倒1}=262.497\text{N}\cdot\text{m},$$
$$T_{倒2}=491.60\text{N}\cdot\text{m}, K_c=7.0$$

$$\sigma_{w11}=\frac{2T_{11}K_f K_\sigma}{\pi z_{11} m_n^3 y_{11} K_c}$$

$$=\frac{2\times143.1\times1.1\times1.50}{3.14\times11\times2.5^3\times0.153\times7.0}\times10^3$$

$$=817\text{MPa}<400\sim850\text{MPa}$$

$$\sigma_{w12} = \frac{2T_{\text{倒}1}K_fK_\sigma}{\pi z_{12}m_n^3 y_{12}K_c}$$

$$= \frac{2\times 262.497\times 0.9\times 1.50}{3.14\times 21\times 2.5^3\times 0.129\times 7.0}\times 10^3$$

$$= 761.78\text{MPa} < 400\sim 850\text{MPa}$$

$$\sigma_{w13} = \frac{2T_{\text{倒}2}K_fK_\sigma}{\pi z_{13}m_n^3 y_{13}K_c}$$

$$= \frac{2\times 491.6\times 0.9\times 1.50}{3.14\times 41\times 2.5^3\times 0.172\times 7.0}\times 10^3$$

$$= 548.04\text{MPa} < 400\sim 850\text{MPa}$$

K_f 为摩擦力影响系数，主动齿轮 $K_f=1.1$，从动齿轮 $K_f=0.9$。

2.6.4 齿轮接触应力计算

齿轮接触应力的公式为：

$$\sigma_j = 0.418\sqrt{\frac{T_g E}{bd\cos\alpha\cos\beta}\left(\frac{1}{\rho_z}+\frac{1}{\rho_b}\right)} \tag{2-3}$$

变速器齿轮的许用接触应力 σ_j 见表2-7。

表2-7 变速器齿轮的许用接触应力

齿轮	σ_j/MPa	
	渗碳齿轮	液体碳氮共渗齿轮
一挡和倒挡	1900～2000	950～1000
常啮合齿轮和高挡	1300～1400	650～700

计算齿轮的接触应力。

一挡的接触应力：

$$T_1 = 143.1\text{N}\cdot\text{m}; T_{21}=470.022\text{N}\cdot\text{m}; \alpha=20°;$$

$$\beta=22; \rho_z = r_z\sin\alpha/\cos^2\beta; \rho_b = r_b\sin\alpha/\cos^2\beta$$

节圆直径：

$$d_1 = \frac{2Az_1}{z_1+z_2} = 32.6\text{mm}; d_2 = \frac{2Az_2}{z_1+z_2} = 111.4\text{mm}$$

$$\rho_1 = r_1\sin\alpha/\cos^2\beta = 6.485\text{mm}; \rho_2 = r_2\sin\alpha/\cos^2\beta = 22.16\text{mm}$$

$$\sigma_{j1} = 0.418\sqrt{\frac{T_1 E}{bd_1 \cos\alpha}\left(\frac{1}{\rho_z}+\frac{1}{\rho_b}\right)}$$

$$= 1244.76 \text{MPa} < 1900 \sim 2000 \text{MPa}$$

$$\sigma_{j2} = 0.418\sqrt{\frac{T_{21} E}{bd_2 \cos\alpha}\left(\frac{1}{\rho_z}+\frac{1}{\rho_b}\right)}$$

$$= 1217.24 \text{MPa} < 1900 \sim 2000 \text{MPa}$$

二挡的接触应力：

$$T_2 = 143.10 \text{N} \cdot \text{m}, T_{22} = 266.434 \text{N} \cdot \text{m}, \alpha = 20°,$$
$$\beta = 22, \rho_z = r_z \sin\alpha/\cos^2\beta, \rho_b = r_b \sin\alpha/\cos^2\beta$$

节圆直径：

$$d_3 = \frac{2Az_3}{z_3+z_4} = 48.91 \text{mm}; d_4 = \frac{2Az_4}{z_3+z_4} = 95.09 \text{mm}$$

$$\rho_3 = r_3 \sin\alpha/\cos^2\beta = 9.729 \text{mm}; \rho_4 = r_4 \sin\alpha/\cos^2\beta = 18.916 \text{mm}$$

$$\sigma_{j3} = 0.418\sqrt{\frac{T_2 E}{bd_3 \cos\alpha}\left(\frac{1}{\rho_z}+\frac{1}{\rho_b}\right)}$$

$$= 1036.84 \text{MPa} < 1900 \sim 2000 \text{MPa}$$

$$\sigma_{j4} = 0.418\sqrt{\frac{T_{22} E}{bd_4 \cos\alpha}\left(\frac{1}{\rho_z}+\frac{1}{\rho_b}\right)}$$

$$= 1014.65 \text{MPa} < 1900 \sim 2000 \text{MPa}$$

三挡的接触应力：

$$T_3 = 143.1 \text{N} \cdot \text{m}; T_{23} = 186.909 \text{N} \cdot \text{m}; \alpha = 20°; \beta = 22;$$
$$\rho_z = r_z \sin\alpha/\cos^2\beta; \rho_b = r_b \sin\alpha/\cos^2\beta$$

节圆直径：

$$d_5 = \frac{2Az_5}{z_5+z_6} = 61.02 \text{mm}; d_6 = \frac{2Az_6}{z_5+z_6} = 82.98 \text{mm}$$

$$\rho_5 = r_5 \sin\alpha/\cos^2\beta = 12.13 \text{mm}; \rho_6 = r_6 \sin\alpha/\cos^2\beta = 16.51 \text{mm}$$

$$\sigma_{j5} = 0.418\sqrt{\frac{T_3 E}{bd_5 \cos\alpha}\left(\frac{1}{\rho_z}+\frac{1}{\rho_b}\right)}$$

$$= 937.91 \text{MPa} < 1900 \sim 2000 \text{MPa}$$

$$\sigma_{j6} = 0.418\sqrt{\frac{T_{23} E}{bd_6 \cos\alpha}\left(\frac{1}{\rho_z}+\frac{1}{\rho_b}\right)}$$

$$= 919.19 \text{MPa} < 1900 \sim 2000 \text{MPa}$$

四挡的接触应力：

$$T_4 = 143.1 \text{N} \cdot \text{m}; T_{24} = 470.022 \text{N} \cdot \text{m}; \alpha = 20°;$$

$$\beta=22;\rho_z=r_z\sin\alpha/\cos^2\beta;\rho_b=r_b\sin\alpha/\cos^2\beta$$

节圆直径：

$$d_7=\frac{2Az_7}{z_7+z_8}=73.22\text{mm};d_8=\frac{2Az_8}{z_7+z_8}=70.78\text{mm}$$

$$\rho_7=r_7\sin\alpha/\cos^2\beta=13.50\text{mm};\rho_8=r_8\sin\alpha/\cos^2\beta=13.05\text{mm}$$

$$\sigma_{j7}=0.418\sqrt{\frac{T_4E}{bd_7\cos\alpha}\left(\frac{1}{\rho_z}+\frac{1}{\rho_b}\right)}$$

$$=878.94\text{MPa}<1900\sim2000\text{MPa}$$

$$\sigma_{j8}=0.418\sqrt{\frac{T_{24}E}{bd_8\cos\alpha}\left(\frac{1}{\rho_z}+\frac{1}{\rho_b}\right)}$$

$$=862.84\text{MPa}<1900\sim2000\text{MPa}$$

五挡的接触应力：

$$T_5=143.1\text{N}\cdot\text{m};T_{25}=115.444\text{N}\cdot\text{m}$$

$$\alpha=20°;\beta=22$$

$$\rho_z=r_z\sin\alpha/\cos^2\beta;\rho_b=r_b\sin\alpha/\cos^2\beta$$

节圆直径：

$$d_9=\frac{2Az_9}{z_9+z_{10}}=78.1\text{mm};d_{10}=\frac{2Az_{10}}{z_9+z_{10}}=65.89\text{mm}$$

$$\rho_9=r_9\sin\alpha/\cos^2\beta=14.4\text{mm};\rho_{10}=r_{10}\sin\alpha/\cos^2\beta=12.15\text{mm}$$

$$\sigma_{j9}=0.418\sqrt{\frac{T_5E}{bd_9\cos\alpha}\left(\frac{1}{\rho_z}+\frac{1}{\rho_b}\right)}$$

$$=853.99\text{MPa}<1900\sim2000\text{MPa}$$

$$\sigma_{j10}=0.418\sqrt{\frac{T_{25}E}{bd_{10}\cos\alpha}\left(\frac{1}{\rho_z}+\frac{1}{\rho_b}\right)}$$

$$=835.09\text{MPa}<1900\sim2000\text{MPa}$$

倒挡的接触应力：

$$T_倒=143.1\text{N}\cdot\text{m};T_{倒1}=262.497\text{N}\cdot\text{m};T_{倒2}=491.6\text{N}\cdot\text{m}$$

$$\alpha=20°;\beta=22,\rho_z=r_z\sin\alpha/\cos^2\beta;\rho_b=r_b\sin\alpha/\cos^2\beta$$

节圆直径：

$$d_{11}=\frac{2Az_{11}}{z_{11}+z_{12}}=27.5\text{mm};d_{12}=\frac{2Az_{12}}{z_{11}+z_{12}}=52.5\text{mm};$$

$$d_{13}=\frac{2Az_{13}}{z_{12}+z_{13}}=102.5\text{mm};$$

$$\rho_{11}=r_{11}\sin\alpha/\cos^2\beta=5.07\text{mm};\rho_{12}=r_{12}\sin\alpha/\cos^2\beta=9.68\text{mm};$$

$$\rho_{13} = r_{13}\sin\alpha/\cos^2\beta = 18.91\text{mm}$$

$$\sigma_{j11} = 0.418\sqrt{\frac{T_{倒}E}{bd_{11}\cos\alpha}\left(\frac{1}{\rho_z}+\frac{1}{\rho_b}\right)}$$

$$= 1920.75\text{MPa} < 1900\text{MPa} \sim 2000\text{MPa}$$

$$\sigma_{j12} = 0.418\sqrt{\frac{T_{倒1}E}{bd_{12}\cos\alpha}\left(\frac{1}{\rho_z}+\frac{1}{\rho_b}\right)}$$

$$= 1364.82\text{MPa} < 1900 \sim 2000\text{MPa}$$

$$\sigma_{j13} = 0.418\sqrt{\frac{T_{倒2}E}{bd_{13}\cos\alpha}\left(\frac{1}{\rho_z}+\frac{1}{\rho_b}\right)}$$

$$= 1329.79\text{MPa} < 1900 \sim 2000\text{MPa}$$

可以看出这些齿轮可以用在本次设计中。

2.6.5 齿轮的受力分析

一挡齿轮的受力：
$$T_1 = 143.10\text{N}\cdot\text{m}; T_{21} = 470.022\text{N}\cdot\text{m};$$
$$d_1 = 32.6\text{mm}; d_2 = 111.40\text{mm}$$

一挡输入齿轮的圆周力：$F_{t1} = \dfrac{2T_1}{d_1} = 8779.14\text{N}$

一挡输出齿轮的圆周力：$F_{t2} = \dfrac{2T_{21}}{d_2} = 8438.46\text{N}$

一挡输入齿轮的径向力：$F_{r1} = \dfrac{F_{t1}\tan\alpha}{\cos\beta} = 3446.29\text{N}$

一挡输出齿轮的径向力：$F_{r2} = \dfrac{F_{t2}\tan\alpha}{\cos\beta} = 3312.56\text{N}$

一挡输入齿轮的轴向力：$F_{a1} = F_{t1}\tan\beta = 3547\text{N}$

一挡输出齿轮的轴向力：$F_{a2} = F_{t2}\tan\beta = 3409.36\text{N}$

倒挡齿轮的受力：
$$T_{倒} = 143.10\text{N}\cdot\text{m}, T_{倒1} = 262.497\text{N}\cdot\text{m}, T_{倒2} = 491.6\text{N}\cdot\text{m}$$
$$d_{11} = 27.5\text{mm}, d_{12} = 52.5\text{mm}, d_{13} = 102.5\text{mm}$$

倒挡输入齿轮圆周力：$F_{t11} = \dfrac{2T_{倒}}{d_{11}} = 10407.27\text{N}\cdot\text{m}$

倒挡齿轮圆周力：$F_{t12} = \dfrac{2T_{倒1}}{d_{12}} = 9999.89\text{N}\cdot\text{m}$

倒挡输出齿轮圆周力：$F_{t13} = \dfrac{2T_{倒2}}{d_{13}} = 9592.2\text{N} \cdot \text{m}$

倒挡输入齿轮径向力：$F_{r11} = \dfrac{F_{t11}\tan\alpha}{\cos\beta} = 3787.94\text{N} \cdot \text{m}$

倒挡齿轮径向力：$F_{r12} = \dfrac{F_{t12}\tan\alpha}{\cos\beta} = 3639.66\text{N} \cdot \text{m}$

倒挡输出齿轮径向力：$F_{r13} = \dfrac{F_{t13}\tan\alpha}{\cos\beta} = 3491.28\text{N} \cdot \text{m}$

2.7 轴的设计计算

2.7.1 初选轴的直径

花键直径 d 公式：

$$d = K\sqrt[3]{T_{emax}} \tag{2-4}$$

式中：$K = 4.0 \sim 4.6$。

2.7.2 轴的强度验算

挠度公式：

$$f_c = \dfrac{F_1 a^2 b^2}{3EIL} \tag{2-5}$$

$$f_s = \dfrac{F_2 a^2 b^2}{3EIL} \tag{2-6}$$

转角公式：

$$\delta = \dfrac{F_1 ab(b-a)}{3EIL} \tag{2-7}$$

2.7.3 轴的刚度

一挡输入轴：

$F_{r1} = 3446.29\text{N}, d_1 = 23\text{mm}, a_1 = 30.75\text{mm},$
$L = 236\text{mm}, b_1 = 205.25\text{mm}$

轴在垂直平面的挠度：

$$f_{c1}=\frac{F_{r1}a^2b^2}{3EIL}=\frac{64F_{r1}a_1^2b_1^2}{3\pi d_1^4 EL}$$

$$=0.057\text{mm}<[f_c]=0.05\sim 0.10\text{mm}$$

轴在水平面的挠度：

$$f_{s1}=\frac{F_{t1}a^2b^2}{3EIL}=\frac{64F_{t1}a_1^2b_1^2}{3\pi d_1^4 EL}$$

$$=0.145\text{mm}<[f_s]=0.1\sim 0.15\text{mm}$$

得：

$$f_1=\sqrt{f_{c1}^2+f_{s1}^2}=0.156\text{mm}\leqslant 0.2\text{mm}$$

$$\delta_1=\frac{F_{r1}ab(b-a)}{3EIL}=\frac{64F_{r1}a_1b_1(b_1-a_1)}{3\pi d_1^4 EL}$$

$$=0.00159\text{rad}<0.002\text{rad}$$

倒挡输出轴：

$$F_{r13}=3491.28\text{N};F_{t13}=9592.2\text{N};d_{13}=38\text{mm};$$

$$a_{13}=48.25\text{mm};L=236\text{mm};b_{13}=187.75\text{mm}$$

轴在垂直平面的挠度：

$$f_{c13}=\frac{F_{r13}a^2b^2}{3EIL}=\frac{64F_{r13}a_{13}^2b_{13}^2}{3\pi d_{13}^4 EL}$$

$$=0.019\text{mm}<[f_c]=0.05\sim 0.10\text{mm}$$

轴在水平面的挠度：

$$f_{s13}=\frac{F_{t13}a^2b^2}{3EIL}=\frac{64F_{t13}a_{13}^2b_{13}^2}{3\pi d_{13}^4 EL}$$

$$=0.052\text{mm}<[f_s]=0.1\sim 0.15\text{mm}$$

得：

$$f_{13}=\sqrt{f_{c13}^2+f_{s13}^2}=0.055\text{mm}\leqslant 0.02\text{mm}$$

$$\delta_{13}=\frac{F_{r13}ab(b-a)}{3EIL}=\frac{64F_{r13}a_{13}b_{13}(b_{13}-a_{13})}{3\pi d_{13}^4 EL}$$

$$=2.9\times 10-4\text{rad}<0.002\text{rad}$$

2.7.4 轴的强度计算

$$d_1=23\text{mm};T_1=143.10\text{N}\cdot\text{m};$$

$$a_1=30.75\text{mm};b_1=205.25\text{mm};L=236\text{mm},$$

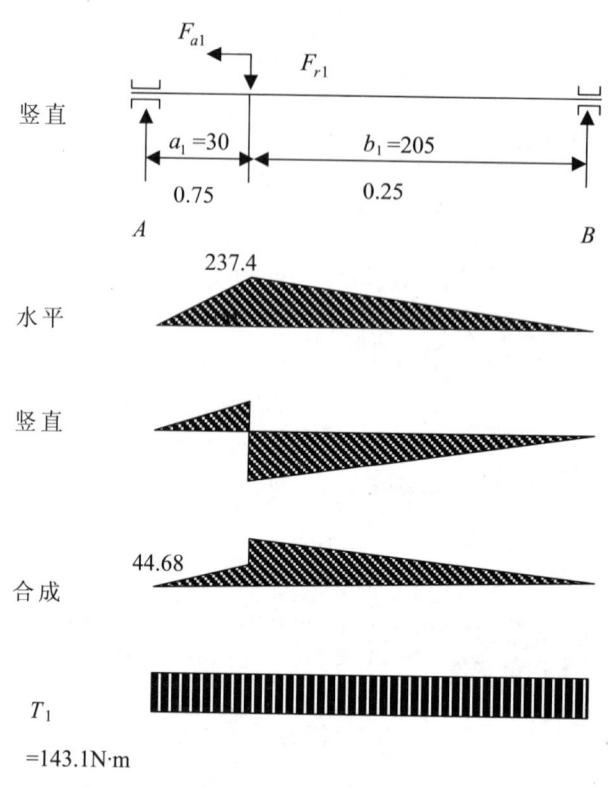

$F_{r1}=3446.29\mathrm{N}; F_{a1}=3547\mathrm{N}; F_{t1}=8779.14\mathrm{N}$

图 2-1 半轴受力图

(1) 求垂直面内 F_{H1}、F_{H2} 和 M_H

$$F_{H1}L - F_{R1}(L-a_1) = 0$$

$$F_{H1} = \frac{F_{t1}(L-a_1)}{L} = \frac{8779.14 \times 205.25}{236} = 7635.25\mathrm{N}$$

$$F_{H1} + F_{H2} = FR$$

$$F_{H2} = 1143.89\mathrm{N}$$

$$M_H = F_{H2}a_1 = 237.4\mathrm{N \cdot m}$$

(2) 求水平面内 F_{V1}、F_{V2} 和 M_V

$$F_{t1}a_1 + 0.5F_{a1}d_1 = FV_2 L$$

$$F_{t1} = F_{V1} + F_{V2}$$

$$F_{V1} = 3228.59\mathrm{N}$$

$$F_{V2} = 217.7\mathrm{N}$$

$$M_V = F_{V2}b_1 = 44.68\mathrm{N \cdot m}, 由以上两式可得$$

$$M=\sqrt{M_H^2+M_V^2+T_1^2}=280.77\text{N}\cdot\text{m}$$

$$\sigma=\frac{32M}{\pi d_1^3}=\frac{32\times280770}{\pi\times23^3}=235.17\text{MPa}\leqslant[\sigma]=400\text{MPa}$$

2.8 轴承校核

轴承在变速器中起到了支撑的作用,本次设计的有四个支撑轴承,这四个支撑轴承不但在垂直面起到了支撑的作用,还在水平面起到了平衡轴向力的作用。现在轴承的种类多得眼花缭乱,有滚针轴承和滚子轴承之分,对于滚针轴承接触面积大平稳性能就会大大地增加;而滚子轴承的种类也很多,有深沟滚子轴承、止推轴承、角接触轴承、双列轴心轴承等。各种轴承有各种独特的功能,这次设计考虑到既有径向力又有轴向力,所以选定为圆锥滚子轴承。

1. 轴承型号的选择

初选轴承型号 32209,转速 $n=6000\frac{r}{\min}$,由《机械设计实践》的 $C_o=145000\text{N}$,$C_r=188000\text{N}$,$e=0.35$,额定寿命 $L_h=30000\text{h}$,计算轴承当量动荷载 P 时。

$F_{a1}/F_{r1}=3547/3446.29=1.03=0.35$。从《机械设计原理与设计》,$X=0.4$,从《机械设计实践》,$Y=1.7$。

$$P=f_p(XF_{r1}+YF_{a1}),f_p=1.2\sim1.8,\text{取}f_p=1.2$$

$$P=f_p(XF_{r1}+YF_{a1})=1.2\times(0.4\times3547+1.7\times3446.29)=8867.74\text{N}$$

2. 轴承寿命计算

额定寿命 $L_h=\frac{10^6}{60n}\left(\frac{C}{P}\right)^\varepsilon$,$\varepsilon$ 是寿命系数,对滚子轴承 $\varepsilon=10/3$。

$$L_h=\frac{10^6}{60n}\left(\frac{f_TC}{P}\right)^\varepsilon$$

$$L_n=\frac{10^6}{60\times5000}\left(\frac{1\times37\times10^3}{8867.74}\right)^{\frac{10}{3}}=51225.56\text{h}>30000\text{h}$$

从已算出的结果可以看出该轴承符合要求。

2.9 零件的建模和装配

2.9.1 输入轴及其齿轮的建模和装配

通过 CATIA 对轴进行建模时,首先进行轴结构的确定,然后通过 CATIA 的机械零件的设计板块绘制一个轴的正视图的一半,然后退出草图进行旋转出输出轴的三维图形,最后在建立的三维模型单击 part1 右键,出现属性编辑把产品的名字命名为输入轴。

输入轴的二维设计如图 2-2 所示。

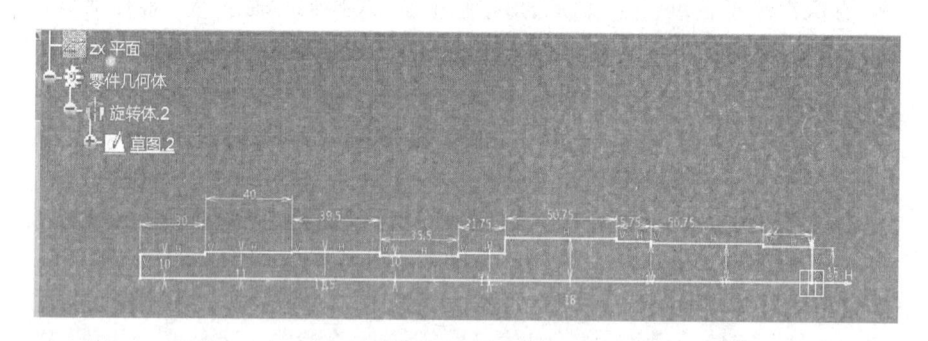

图 2-2 输入轴的二维图

在输出轴上加工一挡,二挡和倒挡主动齿轮:各个齿轮都要在曲面设计中进行,首先在公式编辑中进行齿轮参数的编辑,然后利用编辑好的参数进行齿轮的建模,利用曲面设计模块进行一个齿的二维轮廓的设计,再通过把它变成三维的一个齿轮轮廓,并通过环形矩阵把一个齿通过矩阵变换成圆形的齿轮。在齿轮建好之后打个凹槽,最后进入装配模块把刚刚建好的齿轮和输入轴进行相合约束,然后偏移约束把齿轮偏移到相应的位置。

一挡齿轮的建模如图 2-3 所示。

然后就是各种关系式的建立。

当一挡齿轮构建之后还要根据以上的步骤再建一个大齿轮的建模。以三挡输出齿轮为大齿轮的建模,因为小齿轮在建模后如果想直接改成小齿

图 2-3 一挡齿轮的建模图

轮就会出现几何性错误。然后经过一系列的改参数直接生成想要的各种齿轮,各个齿轮就不一一截图了,下面装配时会一一展示。

输入轴上的一、二挡和倒挡的是生产轴时轴生齿轮就要加工的,如图 2-4 所示。

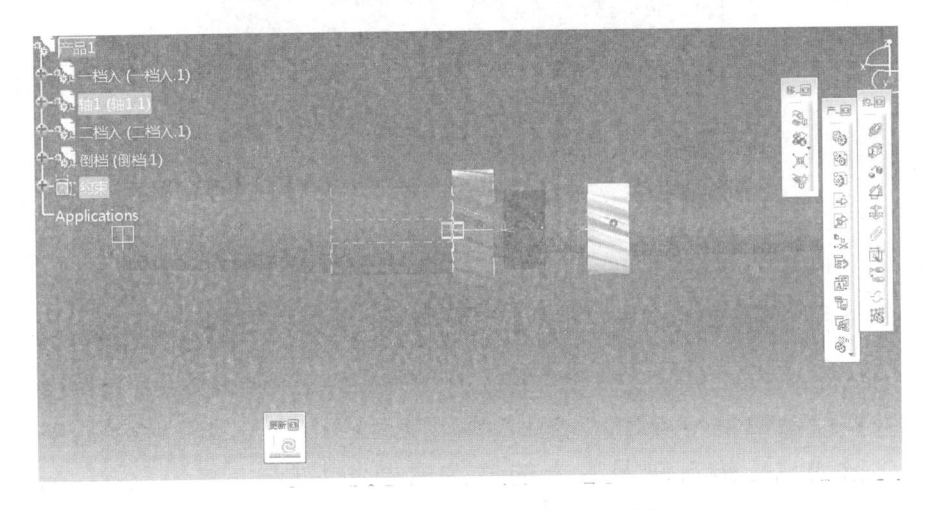

图 2-4 轴生齿轮一二、倒挡的位置图

三、四、五挡主动齿轮通过滚针轴承空套在输入轴上(图 2-5)其实三挡齿轮和四挡齿轮之间有一个同步器,为了便于观察,将同步器隐藏,五挡尺寸的左侧也有一个五挡同步器。

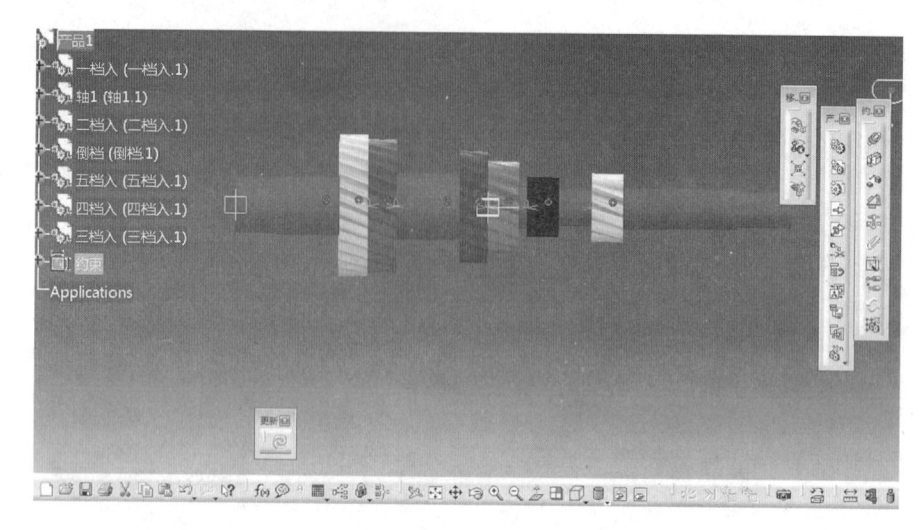

图 2-5　输入轴上各挡齿轮的位置图

设置时进行对轴承的建模,在这里选用的是圆锥滚子轴承,建模如图 2-6 所示。

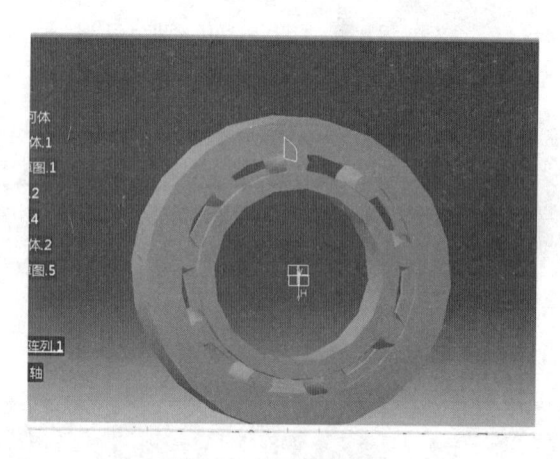

图 2-6　轴承的建模图

2.9.2　输入轴及其上的零件建模和装配

在进行装配时要满足各种装配约束,只有各种约束都正确时才能正确地装配。输出轴上的总装配如图 2-7 所示。

输出轴的二维平面设计如图 2-8 所示。

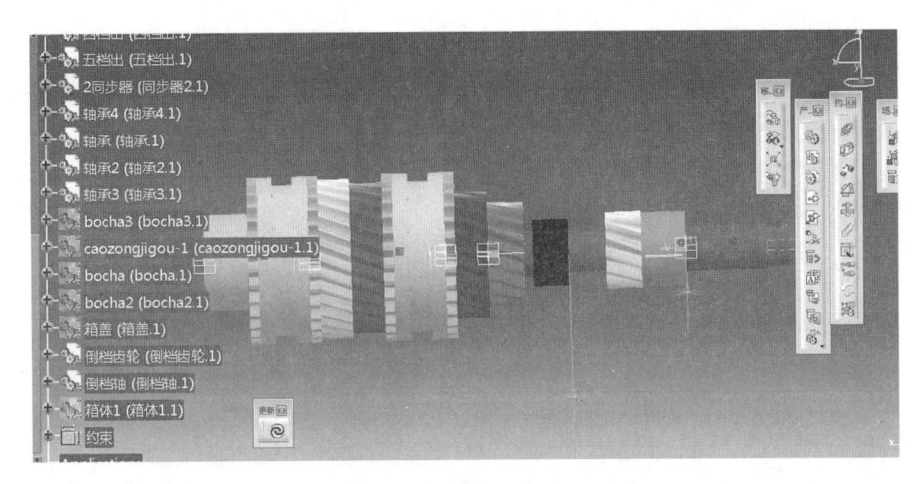

图 2-7 输出轴上的总装配图

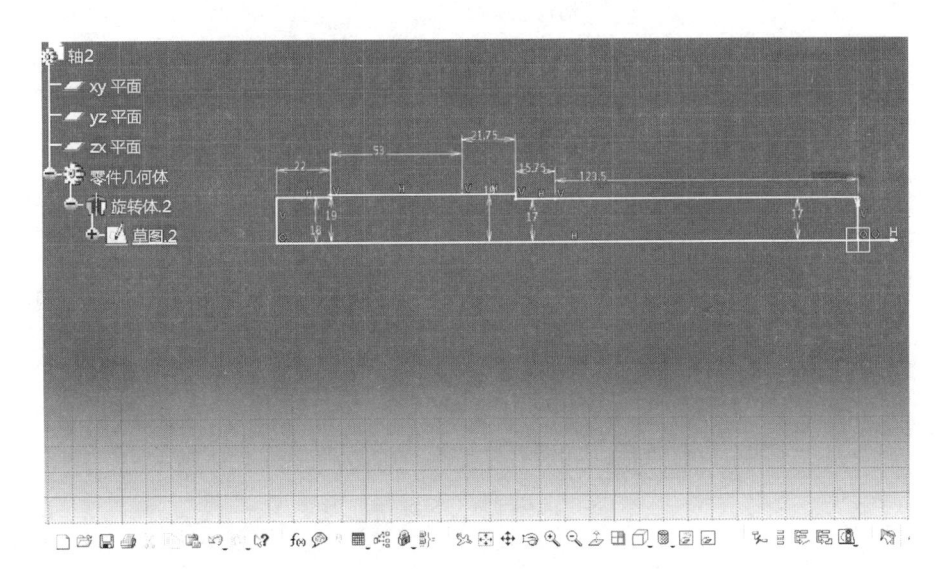

图 2-8 输出轴的二维图

在输出轴上一、二挡和倒挡从动齿轮通过滚针轴承装配在输出轴上如图 2-9 所示。

倒挡输出齿轮和结合套做成了一体,减少了轴向的长度。

在输出轴上其上加工有结合齿圈,三、四、五挡从动齿轮通过结合套做成一体,节省了轴向空间齿轮的结合套不但减少了齿轮轴的长度,还起到了确保齿轮之间间隔的功能,做成一体以后更加固定了齿轮和轴的打滑现象,

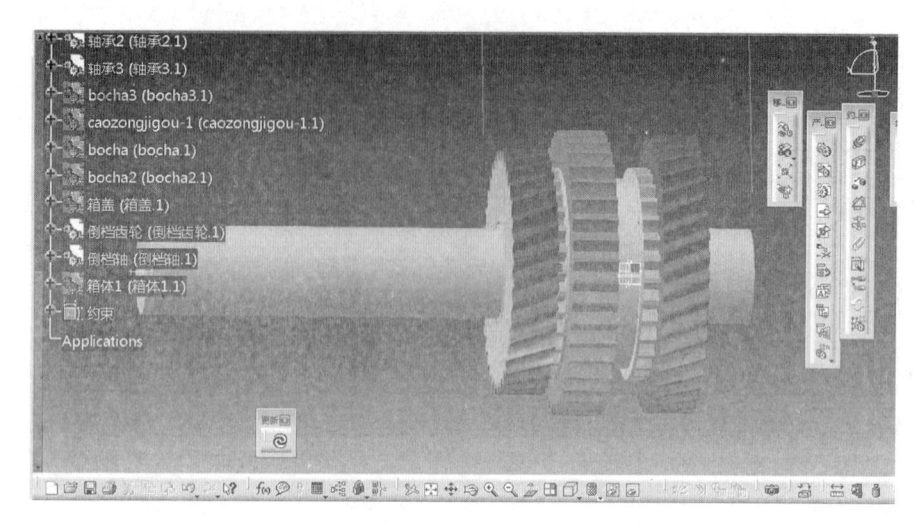

图 2-9　从动齿轮一挡、二挡、倒挡齿轮图

却使该输出轴只能装配上，而不能拆开。所以这个输出轴就成了不能拆卸的轴。三挡、四挡和五挡齿轮在输出轴上如图 2-10 所示。

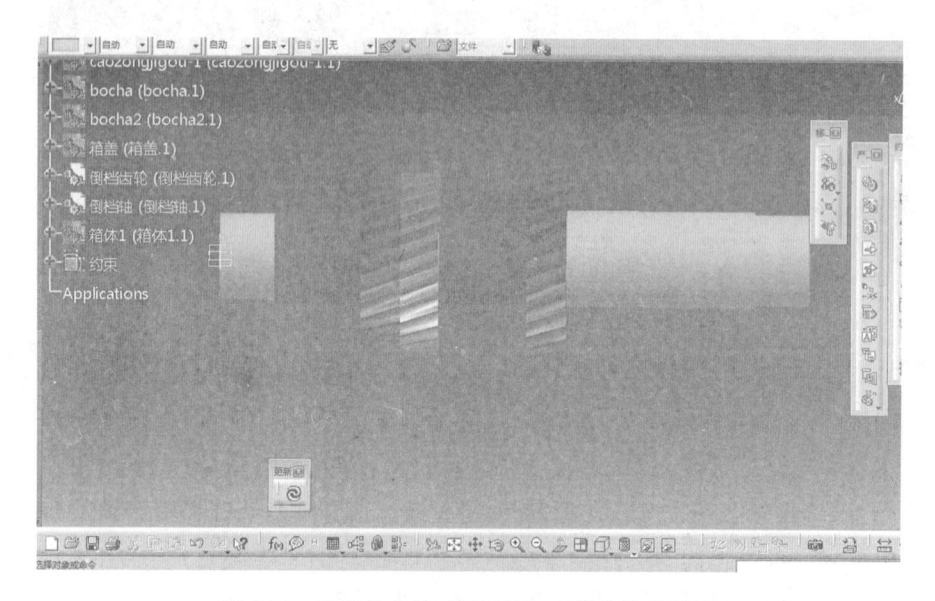

图 2-10　输出轴上的三挡、四挡、五挡齿轮位置图

输出轴上的总装图如图 2-11 所示。

第 2 章 两轴式手动变速器设计

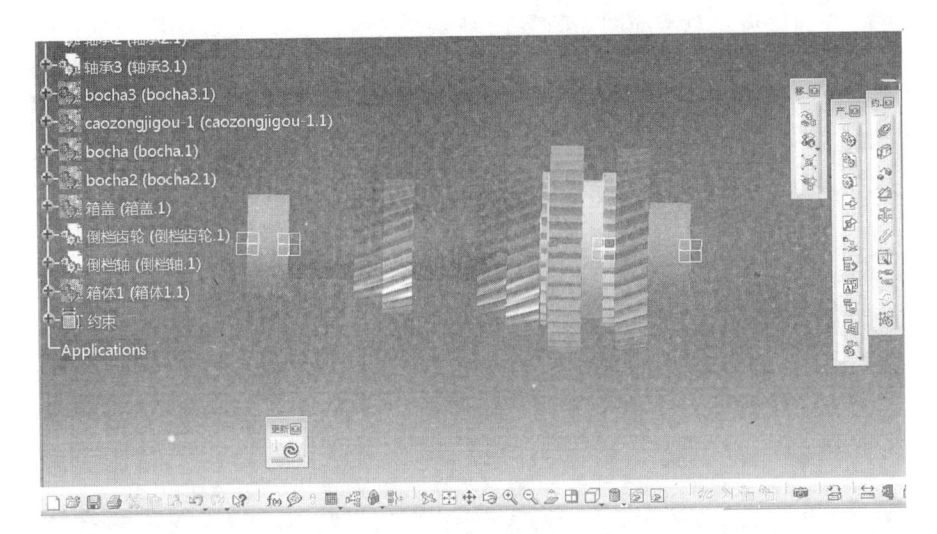

图 2-11 输出轴上的总装图

2.9.3 变速器内的齿轮及轴的总装配图

倒挡行驶的实现是加了一个倒挡短轴，这个轴上就只有一个倒挡齿轮，这个倒挡实现时是三个齿轮在同一平面实现啮合运转。输出轴上的总装图如图 2-12 所示。

图 2-12 输出轴上的总装图

变速箱齿轮总装配图如图 2-13 所示。

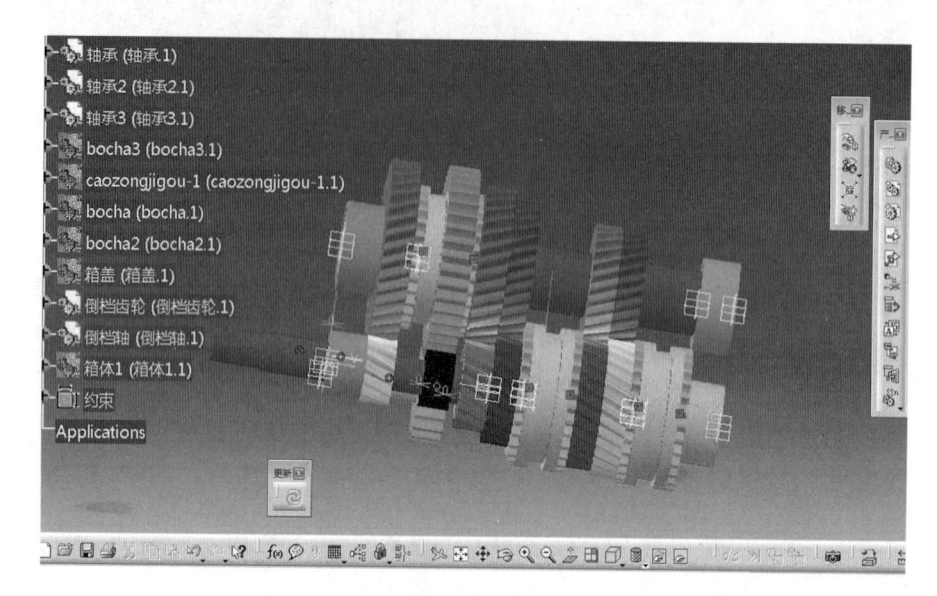

图 2-13 变速箱齿轮总装配图

2.9.4 拨叉及其箱体的建模及其装配

箱体的设计和拨叉的设计比较简单，通过 CATIA 的零件设计模块，进入草图设计中，根据计算的各个尺寸，算出箱体的长度、宽度、高度，绘制出长和宽的矩形，然后退出草图模块，用突台功能进行箱体外壳建模，最后利用盒体命令去掉上平面，做一个向内厚度为 10mm 的盒体，打出轴承的凹槽做出如图样的箱体模型如图 2-14 所示。

拨叉的建模比较复杂，先确定拨叉的尺寸，操纵机构也有好几种类型，主要分为直接操纵和远程操纵两种类型。这里设计的是直接操纵结构，是由三个拨叉轴、三个拨叉和拨块几部分组成，各个滑块中设置的有凹槽，起到防止滑挡的功能。然后算出操纵机构的大小和位置进行拨叉和操纵机构的装配，在装配时先利用相合约束使操纵机构上的滑杆和拨叉上的凹槽的轴向相合，再利用偏移约束将拨叉移动到相应的位置，如图 2-15 所示。

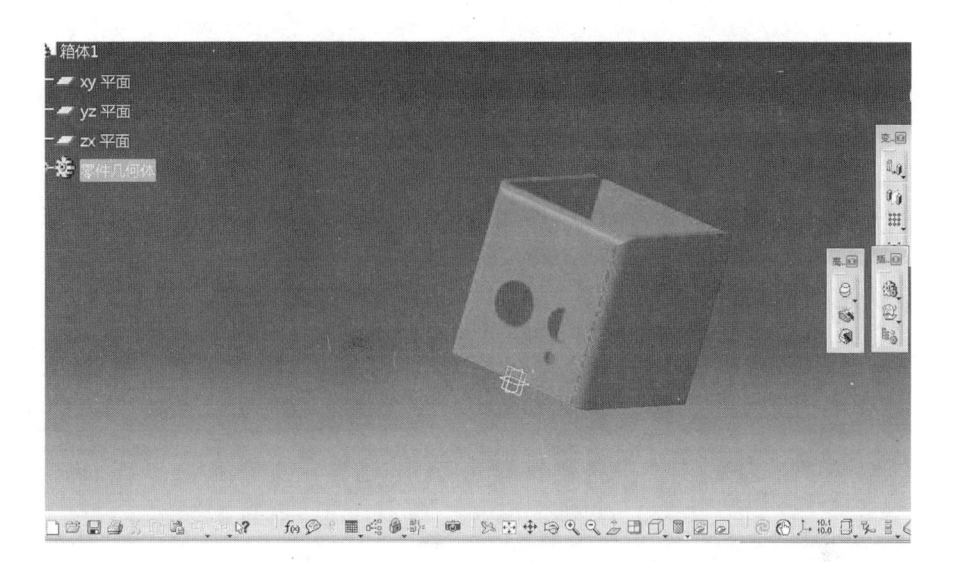

图 2-14　打出轴承凹槽的变速箱箱体

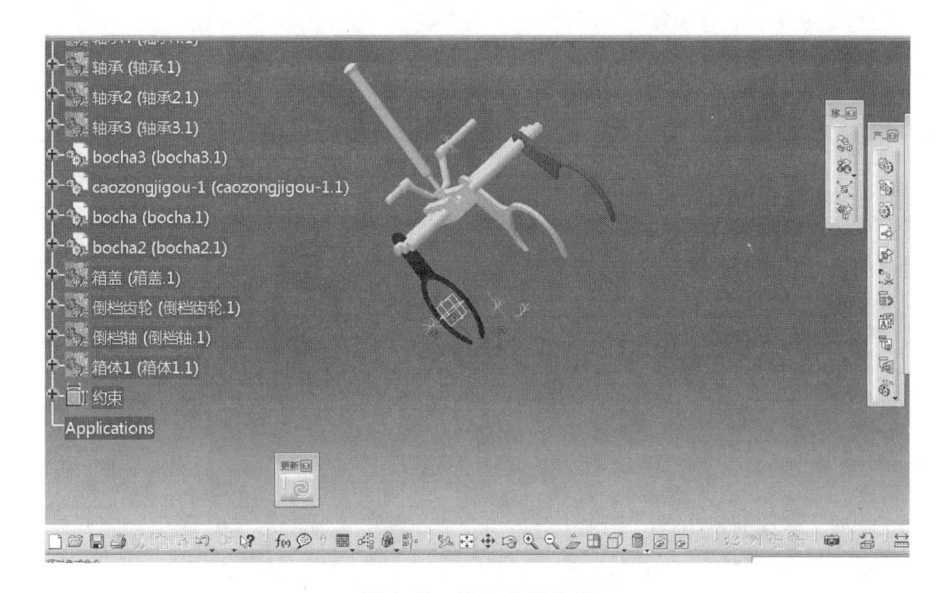

图 2-15　拨叉的建模图

2.9.5　变速器总装配

变速箱总装配图如图 2-16 所示。

车辆变速器及驱动桥设计

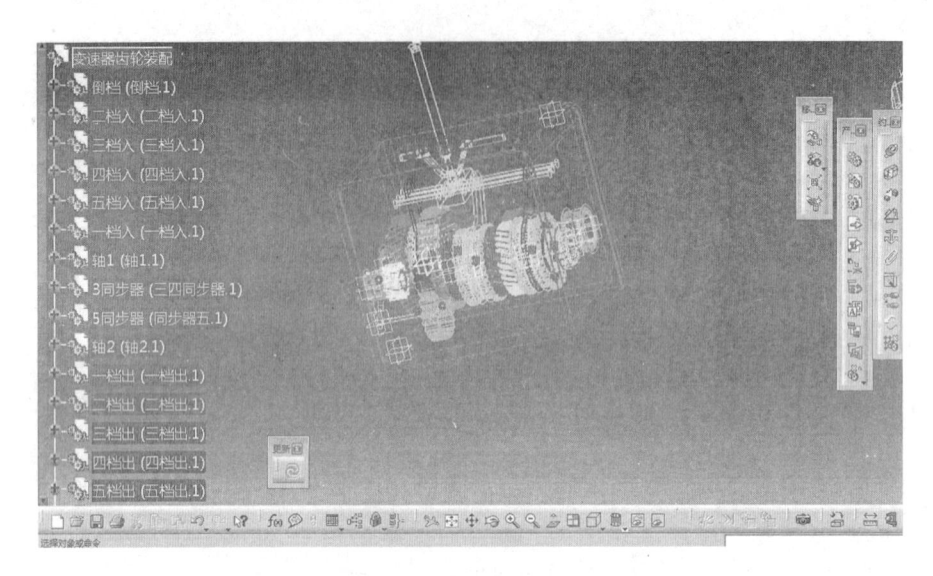

图 2-16　变速箱的总装图

装配后的爆炸图如图 2-17 所示。

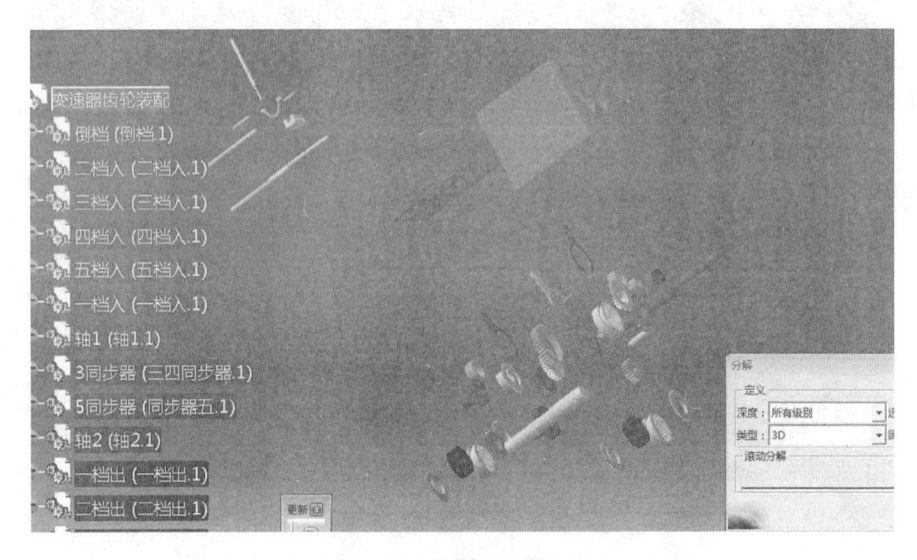

图 2-17　总装配的爆炸图

58

2.10 一挡的运动仿真

2.10.1 旋转铰的建立

仿真之前的准备首先是点开,如图 2-18 所示。

图 2-18 进入数字模拟图

先建立一个新的机制,然后左面的树就会多出一个新的机制的汉字,插入两字,对装配的零件进行约束,旋转铰的命令图表如图 ,单击右下角的黑色小三角,单击后,出现各种铰定义图标,如图 2-19 所示。

图 2-19 各种铰定义的图标

旋转铰的定义如图 2-20 所示。

先单击一挡输入齿轮的轴线,再单击输入轴的轴线,在选择平面时先单击一挡输入齿轮的下平面,再单击输入轴和一挡平齐的突台。然后定义这个输入轴上的旋转铰有驱动角度,作为驱动齿轮。齿轮铰的定义如图2-21所示。

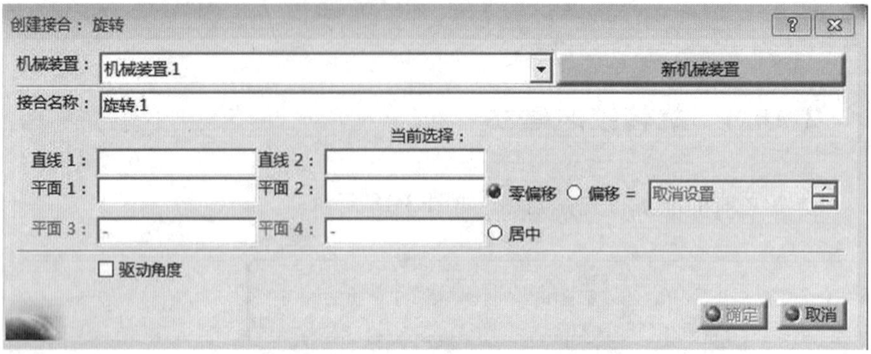

图2-20 旋转铰的定义

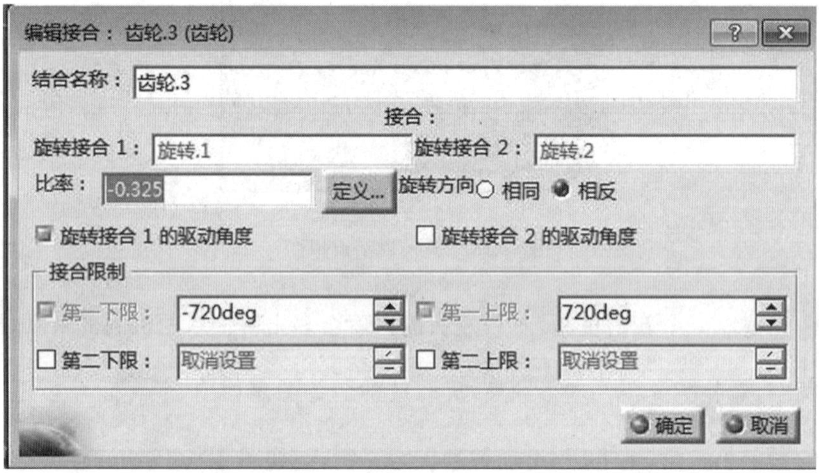

图2-21 齿轮铰的定义

2.10.2 齿轮铰的建立

先添加两个旋转铰,再定义一个齿轮铰,把刚刚定义的旋转铰1和2添加到齿轮铰中。设定固定件,单击固定零件图标 ,单击后出现New Fixed Part(新固定零件)对话框,如图2-22所示。

第 2 章 两轴式手动变速器设计

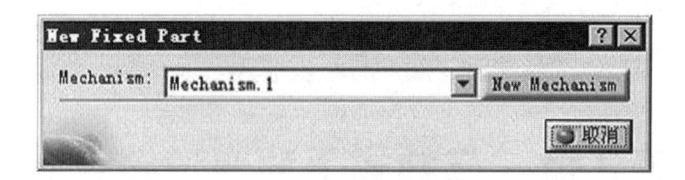

图 2-22 建立新机制的图标

各种铰链设置合理，系统会自动提示可以仿真提示。接着可以开始仿真了。

2.10.3 仿真运动的模拟

仿真开始时先调整命令 1，将－720°移到＋720°的位置，然后单击播放按钮让两个齿轮开始运动仿真，还可以调整步数来改变齿轮的运动快慢，如果从 80 步改到 40 步，齿轮旋转就会变快。模拟的运动仿真如图 2-23 所示。

图 2-23 运动仿真图

61

第 3 章　三轴式手动变速器设计

手动变速器通常有两轴式和三轴式变速器,具体的结构如图 3-1、图 3-2 所示。两轴式变速箱主要用于动力装置在前轮为主动轮的汽车上,而中间

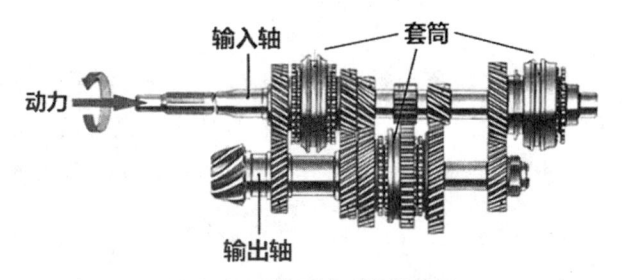

图 3-1　两轴式变速箱结构图

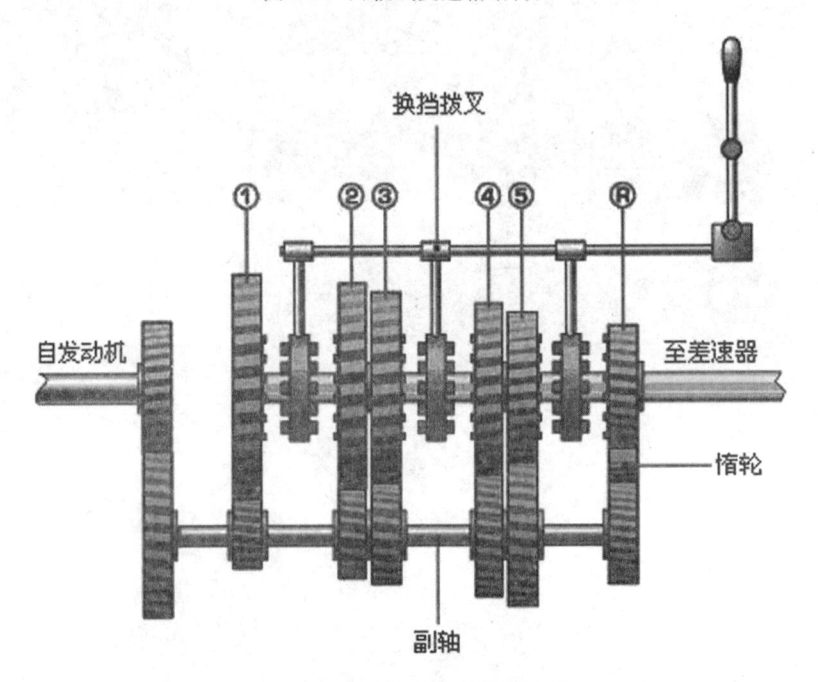

图 3-2　中间轴式变速器结构图

轴式变速器多用于动力装置在后轮为主动轮的汽车或者货车上。对比于三轴式变速箱，两轴式变速箱的特点主要是结构更加简捷，箱体的整体尺寸更小，所以占据空间小，易于安装，放置的位置也更加方便。另外两轴式变速箱直接通过齿轮传动，相对于三轴式变速箱使用的两次齿轮传动，传动效率更加高效，而且产生的噪声也更加小。同样的两轴式变速箱也有很多缺点，其中比较明显的就是两轴式变速器不能配置直接传动的挡位，因为在直接传动的过程中，如果高挡工作时齿轮会承载很大的荷载，这样不仅会在运行的时候产生的很大的声音，并且会使齿轮和轴的结构更加容易损坏，使用寿命就会严重减少。另外，就像前面说的，由于变速器内部的结构设置的原因，两轴式变速箱的一挡传动比就不能设置得很大。

3.1 传动机构的分析与形式选择

三轴式手动变速器如图 3-3 所示，从图中可以看出中间轴式变速器内部结构由各组齿轮、输出轴、中间轴、输入轴和齿轮轴承共同组成，因为它主要由 3 根轴的结构组成，所以也称它为三轴式手动变速器。从左向右看，显示的为输入轴，输入轴通过轴承与箱体连在一起，在输入轴左方向的轴左端位置是发动机，提供动力源。输入轴的右端具有一个常啮合齿轮结构，通过这个齿轮来与中间轴上的齿轮啮合实现传动比的第一次变化。常啮合齿轮的右侧部分为结合齿圈，主要用于在 5 挡传动时同步器的滑动来实现直接挡的传动。同步器连接在输出轴上，主要是用于输出轴和齿轮之间的连接。在输出轴上和中间轴上都是常啮合的齿轮组，这些齿轮组在空挡时是空转的，当同步器作用时这一挡的齿轮组会带着输出轴旋转，达到换挡变速的目的。

中间轴式五挡变速器传动方案的特点是：输入轴和输出轴在一条线上，也就是轴的中心点在一条线上。输入轴上的第一个齿轮与中间轴上的第一个常啮合齿轮啮合，而中间轴上的其他齿轮与输出轴上的齿轮组成齿轮组，一直啮合。当输入轴传递来动力时，依靠常啮合齿轮将动力传递到中间轴。由于中间轴上的齿轮与输出轴上的齿轮形成齿轮组，所以输出轴上的齿轮一直在转动，但仅仅是空转，并不带着输出轴旋转。当同步器作用于齿轮时，由于同步器直接与轴连接，所以当动力传递到中间轴时，中间轴将动力传递到输出轴齿轮上，齿轮将动力传递到同步器，同步器再将动力传递到输出轴，以此来实现挡位的变化和速度的转换。三轴式手动变速箱直接通过两次齿轮传动来输出动力,因此传递效率相对较高。另外齿轮和轴承的磨损较小,产生的费用低廉,提高了使用的年限,因此成本较低。以上这些都是三轴式变速器的基本优点。因此本设计优先选择了中间轴式变速器。

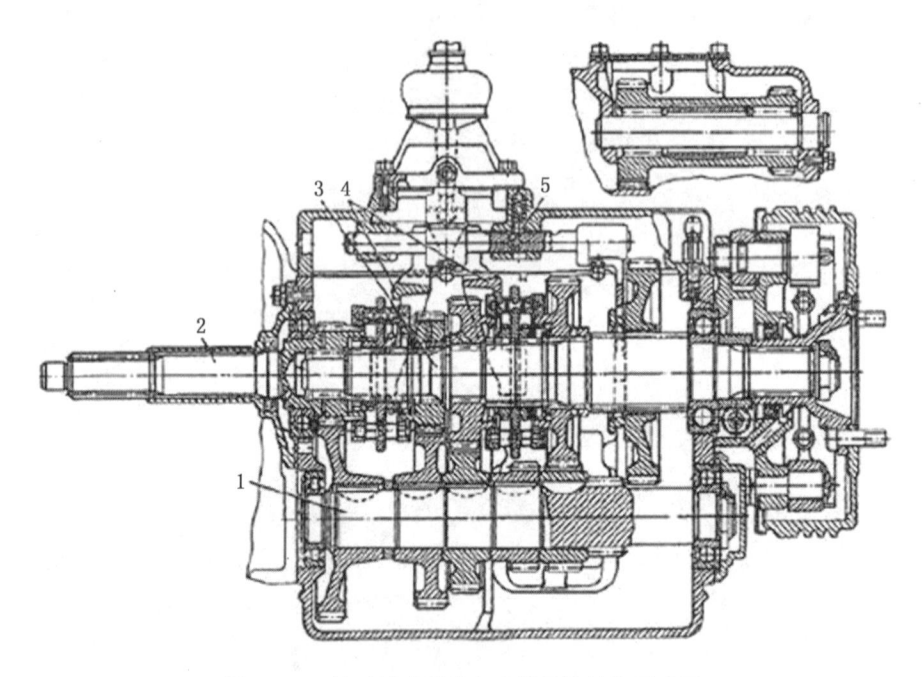

图 3-3 三轴五挡式手动变速器具体结构示意图
1—中间轴;2—输入轴;3—输出轴;4—换挡拨叉;5—定位钢球

3.2 倒挡传动方案

倒挡在汽车的挡位之中也非常重要,可以想象如果没有倒挡,汽车怎么开回家都是一个问题。倒挡在实际生活中至关重要,但是实际使用率并不是很高,而且大多用于停车前的倒车,因此齿轮组可以采用圆柱直齿齿轮方式为倒挡齿轮。为实现倒挡的传动,在倒挡结构中加入了一个倒挡齿轮轴,这样倒挡就可以独立存在,不与前进发生冲突。利用的原理就是在中间轴齿轮上啮合一个倒挡齿轮,齿轮连接的倒挡齿轮轴使齿轮正向输出,然后倒挡齿轮轴上的其他齿轮与输出轴的齿轮啮合,因此输出轴输出的方向为倒挡方向,由此达到了倒车的目的。在倒挡结构中,虽然这样的结构能够达到使用的目的,但是倒挡结构也是因为车的类型以及使用目的的不同应用不同的设计,因此具体使用哪一个倒挡方案就需要看这个车的类型以及使用环境。

如图3-4所示,这是目前选用倒挡机构传动方案中最为常见的几种形式。图3-4(b)方案的优点是减少了中间轴的长度,这样就降低了成本,同时外面的变速箱壳体减小体积,更节约了成本。但是缺点就是一挡的齿轮组和二挡同时作用在一起,这样使得换挡难度增加,同时更加容易磨损齿轮。图3-4(c)所示方案的优点是倒挡可以更加迅速,因为结构上可以让倒挡的传动比更大,缺点是设置的结构对于换挡的操作不是很适用。图3-4(d)所示方案跟图3-4(c)很相似,但是对其做了改进,所以在应用方面比原来更加适用了。图3-4(e)所示方案主要是将一挡齿轮组合倒挡齿轮连接起来,当滑动1到那个齿轮的时候,倒挡齿轮组不与其啮合,当切换到倒挡时,齿轮会与倒挡齿轮先啮合,然后与一挡齿轮从动轮啮合来实现倒挡。这样,一挡主动齿轮的齿宽就需要加长才可以满足倒挡的顺利进行。图3-4(f)所示方案的优点是切换挡位的时候更加方便快捷。但是它主要用在齿轮都为常啮合齿轮的变速箱中。图3-4(g)所示方案的优点是体积更小,但是其他结构相对就更烦琐点。对比上述介绍的各种倒挡结构,对比我们设计的变速器的要求及其选择的优劣综合考虑选择第五种倒挡布置方案。

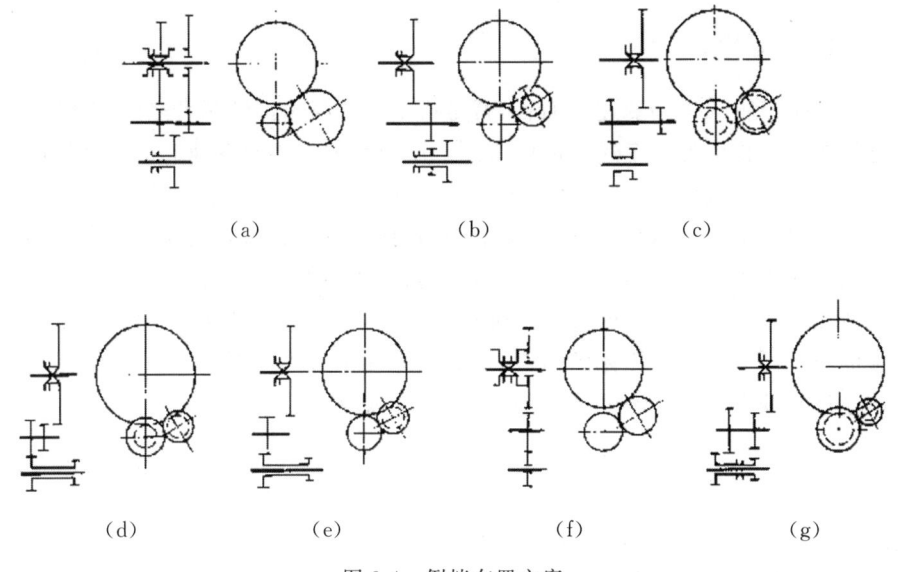

图3-4 倒挡布置方案

3.3 主要参数的计算和选择

1. 挡数和传动比

汽车的挡数和传动比的确定主要是根据汽车最大动力、抓地能力和汽车的行驶速度以及传动的效率等众多原因来综合分析决定。本书挡位数和传动比是已经确定的,挡数为五挡,传动比及其他参数如下所示:

最大功率(kW/r/min):105/2600
最大扭矩(N·m/r/min):430/1400－1700
主减速器传动比:6.33
倒挡传动比:7.66
一挡传动比:7.31
二挡传动比:4.31
三挡传动比:2.45
四挡传动比:1.54
五挡传动比:1

2. 中心距

对于三轴式手动变速器而言,就是指中间轴与输出轴两者之间的距离,这段距离的长度称为变速器的中心距。中心距的大小对变速器的设计影响非常大,齿轮的齿数以及变速器的箱体大小等都受中心距大小的影响。另外一点就是中心距越小,齿轮的碰触作用力越大,因此齿轮的使用年限就会缩短。所以中心距的最小值需要确保齿轮有相当大的碰触强度来保证齿轮的使用年限。变速器齿轮轴经过轴承装配在箱体上,从另外一个角度讲,布置的轴承可能会影响箱体的强度,所以要求中心距尽量取大些。另外受一挡小齿轮的齿轮数目不能过少的局限,同样需要中心距尽量大一些。

$$A = K_A \sqrt[3]{T_{emax} i_1 \eta_g} \tag{3-1}$$

式中:A——中心距,mm;

　　K_A——中心距系数,乘用车 $K_A = 8.9 \sim 9.3$,商用车 $K_A = 8.6 \sim 9.6$,多挡变速器 $K_A = 9.5 \sim 11$;

　　T_{emax}——发动机最大转矩,N·m;

　　i_1——变速器一挡传动比;

η_g——变速器传动效率取为 0.96。

通过上述公式计算得中心距为 138.7mm,取略大点故初选中心距为 140mm。

3.3.1 齿轮模数

齿轮模数是一个重要参数,齿轮的强度、噪声的大小、工艺设计的要求以及质量的大小都是影响齿轮模数大小的因素。另外齿轮模数的选取需要遵循一些基本原则:因为噪声对模数有很大的影响,因此为了减小噪声就必须尽量缩小模数,增加齿轮齿宽的长度。为了减小质量,可以采取增加模数同时减少齿轮齿宽的方法来实现。从工艺角度考虑,各挡齿轮应尽量选用同一种模数,因为这样加工会更加方便。但是从强度角度考虑,各挡齿数应当有各自不一样的模数。这样能更好地适应汽车各个挡位的要求。噪声的大小对于轿车来讲非常重要,因为轿车是载着人行走的,如果噪声过大,就会影响人们的日常休息,所以在轿车身上需要降低声音的产生,因此模数需要小一点;对于货车,质量的大小更加影响货车,而声音的大小相对影响就小了很多,故齿轮应选大些的模数。

本次设计中

$$M = (0.4 \sim 0.6) \sqrt[3]{T_{emax}} \tag{3-2}$$

得到 $M = 3.02 \sim 4.53$,所以取斜齿模数为 4,直齿模数为 5。

3.3.2 压力角、螺旋角

汽车的压力角以及螺旋角按照国家标准选择,如表 3-1 所示。

表 3-1 汽车变速器齿轮的齿形、压力角与螺旋角

项目 车型	齿形	压力角 α	螺旋角 β
轿车	高齿并且修形的齿形	14.5°,15°,16°,16.5°	25°~45°
一般货车	GB 1356—78 规定的标准齿形	20°	20°~30°
重型车	同上	低挡、倒挡齿轮 22.5°,25°	小螺旋角

因为设计的手动变速器为中型货车类型,所以选择压力角为 20°,螺旋角初选为 30°。

3.3.3 齿宽

齿轮齿宽的大小会影响齿轮的荷载能力和齿轮的强度,在保证这些条件的情况下,通常依据下面的公式选择。

直齿轮齿宽:
$$B=(4.5\sim 8.0)m \tag{3-3}$$

斜齿轮齿宽:
$$B=(6.0\sim 8.5)m \tag{3-4}$$

式中 m 为齿轮模数。

所以计算得到直齿齿轮齿宽取为 25mm,斜齿齿宽取为 24mm。

3.3.4 各挡齿轮齿数的确定

前面已经确定了中心距和传动比,这样就可以依据这两个条件以及其余选择的条件来确定每个挡位的齿数。齿轮的传动方案如图 3-5 所示。

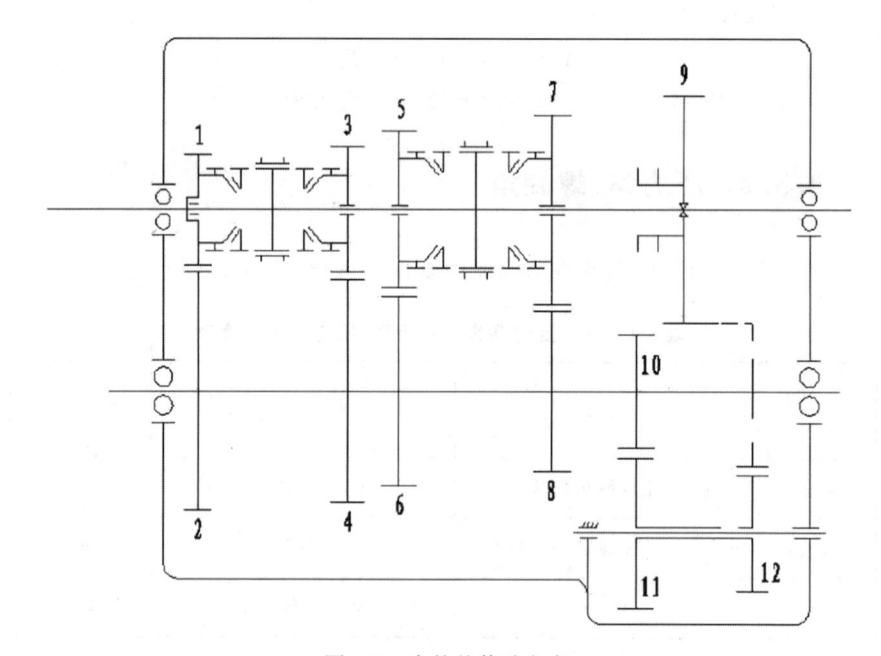

图 3-5 齿轮的传动方案

如图 3-5 所示，z_1 和 z_2 为常啮合齿轮，其中 $z_9 z_{10}$ 与常啮合齿轮一起组成一挡齿轮的传动，$z_7 z_8$ 和常啮合齿轮组成二挡齿轮的传动，$z_5 z_6$ 和常啮合齿轮组成三挡齿轮的传动，$z_3 z_4$ 和常啮合齿轮组成四挡的传动，五挡为直接挡，直接通过同步器从一轴传动到输出轴。当汽车换为一挡时，滑动齿轮 z_9 与 z_{10} 啮合，动力由一轴传递到中间轴，并通过齿轮传递到输出轴。切换到二挡时，同步器向右滑动与 z_7 啮合，因此动力从一轴传动到中间轴，再通过 $z_7 z_8$ 齿轮和同步器作用传动到输出轴。同理，当同步器滑动到左边，并且与 z_5 齿轮啮合为三挡。当同步器滑动到与 z_3 啮合为四挡齿轮传动，滑动到与 z_1 啮合为五挡齿轮传动。

1. 确定一挡齿数

一挡齿轮传动比为 7.31，中心距为 140mm，所以可以根据公式

$$z_9 + z_{10} = z_h \tag{3-5}$$

$$z_h = \frac{2A}{M} \tag{3-6}$$

来计算一挡齿轮齿数的多少。要确定一挡齿轮齿数的多少就需要知道常啮合齿轮齿数的多少来计算符合传动比的要求。由于齿轮齿数只能是整数，货车中间轴上一挡齿轮齿数在 $12 \sim 17$ 之间，所以取 $z_{10} = 13$，$z_9 = z_h - z_{10} = 43$。

2. 确定常啮合齿轮的齿数

因为常啮合齿轮与一挡齿轮的两次传动能形成齿轮的传动比，即 7.31，常啮合齿轮为斜齿轮，斜齿轮模数为 4，所以计算方式为

$$\frac{z_2}{z_1} \times \frac{z_9}{z_{10}} = I_1 = 7.31 \tag{3-7}$$

$$z_h = \frac{2A}{M} \tag{3-8}$$

又因为中心距都相等，所以 β 初取为 $30°$，齿数为正数，通过计算得到 $z_1 = 19$，$z_2 = 42$。螺旋角修正之后为 $\beta_2 = 29.375°$。

3. 确定其余挡的齿数

二挡齿轮的计算公式如下所示：

$$\frac{z_2}{z_1} \times \frac{z_7}{z_8} = I_2 \tag{3-9}$$

$$A = \frac{M_n(z_7 + z_8)}{2\cos\beta_8} \tag{3-10}$$

$$\frac{\tan\beta_2}{\tan\beta_8}=\frac{z_2}{z_1+z_2}\left(1+\frac{z_7}{z_8}\right) \tag{3-11}$$

解：三个公式得到 $z_7=44$，$z_8=23$。螺旋角修正为 $\beta_8=16.835°$。
三挡齿轮需满足下面公式：

$$\frac{z_2}{z_1}\times\frac{z_5}{z_6}=I_3 \tag{3-12}$$

$$A=\frac{M_n(z_5+z_6)}{2\cos\beta_6} \tag{3-13}$$

$$\frac{\tan\beta_2}{\tan\beta_6}=\frac{z_2}{z_1+z_2}\left(1+\frac{z_5}{z_6}\right) \tag{3-14}$$

计算得 $z_5=34$，$z_6=31$。螺旋角修正为 $\beta_6=21.787°$。
四挡齿轮满足下面公式：

$$\frac{z_2}{z_1}\times\frac{z_3}{z_4}=I_4 \tag{3-15}$$

$$A=\frac{M_n(z_4+z_3)}{2\cos\beta_4} \tag{3-16}$$

$$\frac{\tan\beta_2}{\tan\beta_4}=\frac{z_2}{z_1+z_2}\left(1+\frac{z_3}{z_4}\right) \tag{3-17}$$

计算得 $z_3=26$，$z_4=37$。螺旋角修正为 $\beta_4=25.842°$。

4. 确定倒挡齿数及中心距

因为倒挡齿轮为直齿，所以模数为 5，又因为货车倒挡齿轮齿数 z_{12} 一般在 21~22 之间选择，在本书中选择 $z_{12}=21$。倒挡传动比为 7.66，所以采用下面公式计算中间轴与倒挡轴的中心距：

$$A=0.5m(z_{10}+z_{11}) \tag{3-18}$$

第二轴与倒挡轴的中心距：

$$A=0.5m(z_9+z_{11}) \tag{3-19}$$

计算得到中间轴与倒挡轴的中心距 $A=87.5$mm，第二轴与倒挡轴的中心距 $A=160$mm。所以各挡齿数如表 3-2 所示。

5. 验证各挡齿轮齿数及中心距

通过计算出的各挡齿数来计算实际齿轮的传动比以及中心距，看与预期的传动比的差距，判断是否满足条件要求，如果差距过大就需要重新计算或者重新选择条件建立关系。对比如表 3-3 所示。

表 3-2　各挡齿轮齿数表

挡位	主动齿轮数	从动齿轮数	螺旋角
一挡	13	43	
二挡	23	44	16.835°
三挡	31	34	21.787°
四挡	37	26	25.842°
常啮合齿轮	19	42	29.375°

表 3-3　各挡位传动比差值率

挡位	一挡	二挡	三挡	四挡	五挡	倒挡
传动比	7.31	4.31	2.45	1.54	1.00	7.66
实际传动比	7.312	4.229	2.424	1.553	1.00	7.6599
相差百分比/%	0.03	1.88	1.06	0.84	0	0.001

通过分析得到挡位相差最大为 1.88%，所以完全满足设计要求，不会对设计材质及其他方面造成影响。另外，中心距公式为

$$z_h = \frac{2A}{m} \tag{3-20}$$

因为齿数为正数，所以中心距校正得到 $A=140\text{mm}$。

3.4　其他零部件的选择

1. 轴承的选择

轴承的种类很多，主要分为球轴承、圆锥滚子轴承、圆柱滚子轴承、滚针轴承、滑动轴套等。轴承对于手动变速箱也是相当重要的，因为轴承的选择会影响齿轮的旋转，进而影响到齿轮的寿命，所以对于手动变速箱的影响是相当大的。在本书中，由于齿轮要减少不必要的摩擦力，并根据轴承安装的位置结构，所以最好选择滚针轴承。

2. 齿轮的齿型选择

齿轮的齿型选择对于变速器也是有影响的,斜齿型圆柱齿轮的特点是制造复杂,但是用于齿轮工作时优点却有很多,比如斜齿轮运行时平稳,产生的噪声也比较低,使用的年限也比其他齿轮长。而直齿轮多用于一挡和倒挡。因此本书一挡和倒挡选择直齿轮,而倒挡选择圆柱斜齿轮。

其他零部件的型号选择都或多或少对变速器的设计有影响,所以在选择的时候,需要多加考虑是否有更好的选择,这样设计才会更有保障。

3. 同步器的选择

在设计手动变速器的时候,挂挡机构通常连接同步器,使同步器连接齿轮与轴,从而让变速箱的换挡顺利更换。同步器目前主要分为锁环式和锁销式这两种。而中小型货车通常采取锁环式换挡。同步器结构如图 3-6 所示。

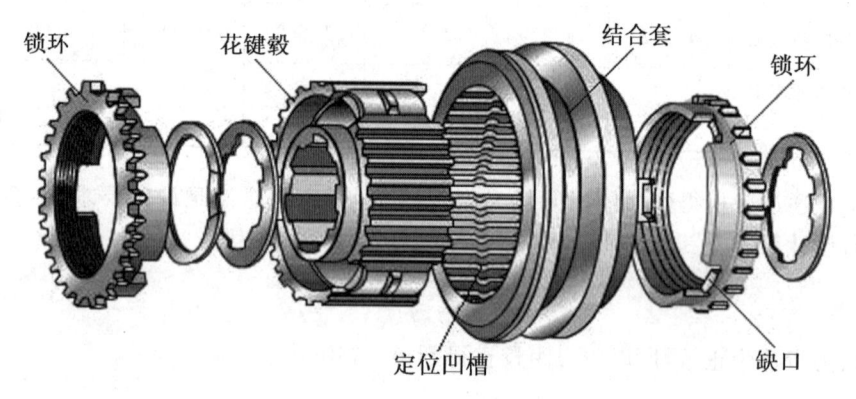

图 3-6 锁环式同步器基本结构

锁环式同步器主要是由最外面的结合套、位于结合套里面的定位滑块、花键毂以及两个锁环组成。作用原理是当用同步器换挡时,换挡拨叉会将同步器上的结合套沿轴向方向推动到需要换挡的齿轮位置,同时结合套带着锁环和滑块一起移动,直到锁环锥面与齿轮锥面接触啮合为止。然后,锁环锥面与齿轮锥面同时转动,这时齿轮就会带动同步器旋转,同步器由于花键毂连接着轴的位置,因此,轴也跟着旋转,此时,就相当于输入轴传递动力到中间轴,中间轴上的齿轮将动力传递到同步器,同步器传递到输出轴,因此实现了挡位的转换。锁环式同步器的优点主要是工作的时候安全可靠,并且零件使用寿命长。但它也有缺点,比如因为同步器设置结构的原因,锁环与齿面之间会产生摩擦,从而造成齿轮之间的磨损,这样就容易造成换挡失效。锁环式同步器主要用于乘用车和总质量较小的中小型货车变速器中。所以本书选择用锁环式同步器。

3.5 齿轮的强度计算及材料选择

3.5.1 齿轮强度的计算

变速器齿轮强度的计算和校核主要是为了预判齿轮的材料是否能支撑长期使用和汽车行驶时力的作用的表现。齿轮的强度与齿轮所选用的材料,加工过程中的操作方法以及加工的手段有关。齿轮强度的计算和校核主要通过前人计算留下来的公式校核,这样可以获得更加精确的结果。下面采用公式来计算齿轮的强度大小。

1. 直齿轮的弯曲应力

$$\sigma_w = \frac{F_1 K_\sigma K_f}{bty} \tag{3-21}$$

式中:σ_w——齿轮的弯曲应力,MPa;
F_1——圆周力(N),$F_1 = 2T_g/d$;
T_g——计算荷载(N·mm);
d——节圆直径(mm);
K_σ——应力集中系数,可近似取 $K_\sigma = 1.65$;
K_f——摩擦力影响系数,主、从动齿轮在啮合点上的摩擦力方向不同,对弯曲应力的影响也不同:主动齿轮 $K_f = 1.1$,从动齿轮 $K_f = 0.9$;
b——齿宽(mm);
t——端面齿距(mm),$t = \pi m$,m 为模数;
y——齿形系数,机械设计时可查设计手册。

2. 斜齿轮的弯曲应力

$$\sigma_w = \frac{F_1 K_\sigma}{bty K_\varepsilon} \tag{3-22}$$

式中:F_1——齿轮圆周力(MPa),$F_1 = 2T_g/d$;
T_g——计算荷载(N·mm);

d——节圆直径(mm)，$d=\dfrac{m_n z}{\cos\beta}$，$m_n$ 为法向模数；

z——齿数；

β——斜齿轮螺旋角；

K_σ——应力集中系数，$K_\sigma=1.50$；

b——齿面宽(mm)；

t——法向齿距，$t=\pi m_n$；

y——齿形系数，可按当量齿数 $z_a=\dfrac{z}{\cos^3\beta}$ 在机械设计手册中查得；

K_ε——重合度影响系数，$K_\varepsilon=2.0$。

例如，二挡齿轮的弯曲应力可以用斜齿轮的计算公式计算，因为二挡为斜齿轮。通过查图得到齿形系数 y 为 0.133，并且化简得到

$$\sigma_w = \dfrac{2T_g \cos\beta K_\sigma}{\pi z m_n^3 y K_c K_\varepsilon}$$

$$= 2\times 430\times 0.957 \times 1.5 \div 23 \div 3.14 \div 24 \div 0.133 \div 2.0 \times 1000$$

$$= 167.3 \text{MPa}$$

(3-23)

其他挡位同样如此计算得到：

一挡齿轮弯曲应力为 210.9MPa；

二挡齿轮弯曲应力为 167.3MPa；

三挡齿轮弯曲应力为 112.8MPa；

四挡齿轮弯曲应力为 134.2MPa；

常啮合挡齿轮弯曲应力为 181.7MPa；

倒挡齿轮弯曲应力为 368.7MPa。

由于货车的许用应力的范围在 100~250MPa 之间，所以所有的挡位都在范围区间之内，满足设计的要求和标准。

3. 轮齿接触应力的计算

轮齿接触应力：

$$\sigma_j = 0.418\sqrt{\dfrac{FE}{z}\left(\dfrac{1}{\rho_z}+\dfrac{1}{\rho_b}\right)} \tag{3-24}$$

式中：σ_j——轮齿的接触应力；

F——齿面上的法向力，$F=\dfrac{F_1}{\cos\alpha\cos\beta}$；

F_1——圆周力，$F_1=2T_g/d$；

T_g——计算荷载；

d——节圆直径；

α——节点处压力角；

β——齿轮螺旋角；

E——齿轮材料的弹性模量，取 $E=200000\text{MPa}$；

b——齿轮接触的实际宽度；

ρ_z、ρ_b——主、从动齿轮节点处的曲率半径，直齿轮 $\rho_z = r_z\sin\alpha$，$\rho_b = r_b\sin\alpha$，斜齿轮 $\rho_z = \dfrac{r_z\sin\alpha}{\cos^2\beta}$，$\rho_b = \dfrac{r_b\sin\alpha}{\cos^2\beta}$；

r_z、r_b——主、从动齿轮节圆半径。

化简公式得到如下所示：

$$\sigma_j = 0.418\sqrt{\frac{T_{e\max}E}{mzb\cos\alpha\cos\beta}\left(\frac{1}{\rho_z}+\frac{1}{\rho_b}\right)} \tag{3-25}$$

代入数据计算分别得到各挡轮齿接触应力结果如下：

一挡齿轮 775.8MPa；

二挡齿轮 836.9MPa；

三挡齿轮 685.3MPa；

四挡齿轮 636.4MPa；

常啮合齿轮 944.1MPa；

倒挡齿轮 741.0MPa。

变速器齿轮的许用接触应力如表 3-4 所示。

表 3-4 变速器齿轮的许用接触应力

齿轮	渗碳齿轮	液体碳氮共渗齿轮
一挡和倒挡	1900～2000MPa	950～1000MPa
常啮合和倒挡	1300～1400MPa	650～700MPa

3.5.2　齿轮的损坏形式及材料选择

齿轮的损坏形式一般有三种情况：轮齿的弯曲断落、齿轮表面的腐蚀消耗和移动换挡齿轮底部被破坏。

轮齿折断又可以细分为两种情况，一种是轮齿受到足够大的冲击力，使轮齿产生弯曲变形甚至折断的情况；另一种就是轮齿在荷载的不断作用下轮齿的齿根产生疲劳，从而产生裂纹的情况。产生裂纹之后，不断受到荷载的压迫,裂纹会不断变大,从而造成轮齿的弯曲折断情况。这种情况在变速器中经常可以见到,因此选择材料和强度的校核十分重要。

当齿轮在转动时,齿轮之间相互啮合,所以齿面之间会产生挤压,齿面的挤压会导致齿轮之间的润滑油温度升高,因此润滑油不断侵蚀齿轮之间的细小裂缝,使得裂缝不断扩大,这就形成了点蚀的情况。点蚀产生之后,齿轮之间的啮合误差增大,导致摩擦增大,荷载不均匀,进一步导致齿轮的轮齿弯曲甚至折断。通常是靠近节圆根部齿面处的点蚀更加严重,而靠近节圆顶部齿面处的点蚀就相对好了很多。因为在根部荷载更大,产生的挤压升温程度高,因此裂缝也比较大,这样更容易产生点蚀。另外主动小齿轮也比被动大齿轮的点蚀更加严重,这也是因为主动小齿轮承受荷载大的原因。齿面胶合主要是指大型高速重载齿轮发生的情况,因为高速重载型齿轮啮合时齿面相对滑动速度高,并且由于接触时产生的压力大,所以温度产生得更快更高,这样的高温会将润滑油膜破坏,让齿轮在啮合时直接接触。在这样高温、高压下齿轮面之间互相粘连,齿面就会沿滑动方向形成撕伤的痕迹。还有一种损坏方式叫胶合,这种损坏方式出现的频率比较低。一般在汽车变速器中一方面增大轮齿根部齿厚,另一方面可以增大齿根圆角的半径,也可以采用高齿,提高重合度等方法来防止齿面胶合。同样的防止齿面胶合的方法有多种,例如轮齿选用高强度的材料,或者增多同时啮合的轮齿组数,提高轮齿柔度等方法都可以直接或者间接防止齿面胶合。另外齿轮的变位系数也对齿面胶合有影响。另外外部原因也有很多,可以通过选用优质的润滑油来提高油膜的强度,或者给齿面镀层来提高齿面的硬度,更可以对齿面做处理,使得齿面硬度增大或者接触应力减小,这些都是不错的方法,也是防止齿轮损坏的良好选择。能适应温度较高,压力较高的润滑液,提高液体液膜强度,提高齿面硬度,选择适当的齿面表面进行处理,通常是齿面涂上一层保护层等,这是防止齿面胶合采取的主要方法。

手动变速箱中齿轮的材料基本都采用渗碳合金钢,高硬度的表面和芯部位的高韧性组合可以大大提高齿轮的耐磨性和曲折疲劳以及接触疲劳能力。在选择材料并进行工艺处理以后,齿轮弯曲疲劳寿命和接触疲劳寿命都能得到显著的提升。磨齿能消除齿轮热处理之后产生的变形,但是磨齿需要在热处理之后进行。研磨过后的齿轮比热处理前剃齿以及挤齿齿轮更加精确。这样使齿轮的传动更加稳定,传递效率也可以明显得到改善;在相同负载的条件下,磨齿的弯曲疲劳寿命相对于剃齿的要长久。汽车的变速箱齿轮材料主要用 20CrMnTi、20Mn2TiB、16MnCr5、20MnCr5、25MnCr5等钢材,这些低碳合金钢在渗碳、淬火后表面硬度、晶粒细化都得到明显的增强。如果要消除内部应力,还需要进行回火处理。渗碳齿轮表面硬度为

58～63HRC,芯部硬度为 33～48HRC,这些条件满足设计的需求,因此在本书中齿轮材料选用 20CrMnTi。

通过比较发现,各挡齿轮的许用接触应力均在标准规定的范围内,因此满足设计要求。

3.6 变速器轴的结构及其强度计算

变速器轴在运转时,由于齿轮上有圆周方向的荷载、沿着轴径方向的荷载和斜齿轮的轴向方向的受力,所以变速器轴要承受剪力和弯矩。因此变速器轴应当有足够的刚度和强度,如果刚度不足就会产生弯曲变形,影响齿轮之间的啮合,进一步破坏齿轮的结构,从而使齿轮的寿命和齿轮的安全性削弱。因此,在设计变速器轴时,首先要保证轴的刚度和强度。

3.6.1 变速器轴的结构及其尺寸

变速器一轴跟齿轮做在一起,第一轴的花键部分的尺寸按照公式选择:

$$d = K \sqrt[3]{T_{emax}} \quad (3\text{-}26)$$

计算得 $d=30～34$mm,取 $d=32$mm。

变速器一轴和二轴到中间轴的中心距为 140mm,第一轴和中间轴的尺寸选择按照经验公式选择如下:

$$d = (0.4～0.5)A, \text{mm} \quad (3\text{-}27)$$

计算得 56～70mm。

第一轴、第二轴和中间轴的尺寸关系按照下面经验公式选择:

第一轴和中间轴: $d/L=0.16～0.18$。

第二轴: $d/L=0.18～0.21$。

轴的长度定为 400mm,得出一轴和中间轴的最大直径为 64～72mm,第二轴的最大直径为 72～84mm。

因此设计轴各轴的结构如图 3-7～图 3-9 所示。

对于变速箱来说,轴就相当于变速箱的生命保障,如果轴的刚度强度达不到目标强度,那么变速箱的寿命和稳定性就得不到保障,严重时会威胁驾驶人员的安全,所以变速箱的刚度和强度必须得到应有的保障。

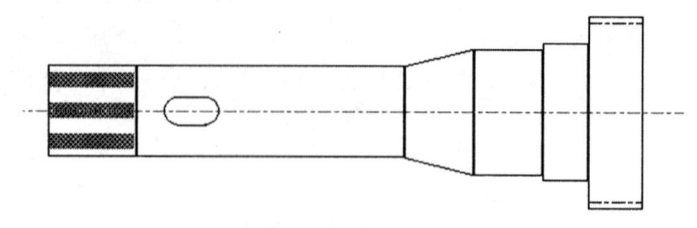

图 3-7 一轴尺寸结构

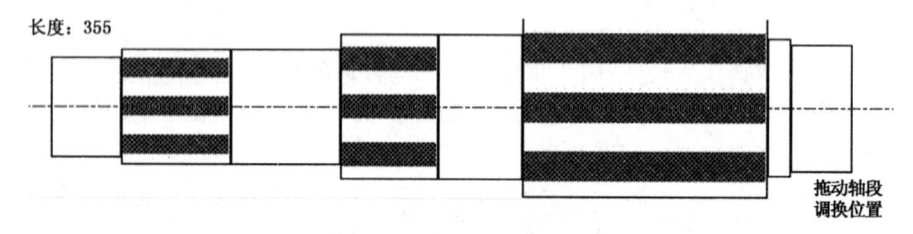

图 3-8 输出轴尺寸结构

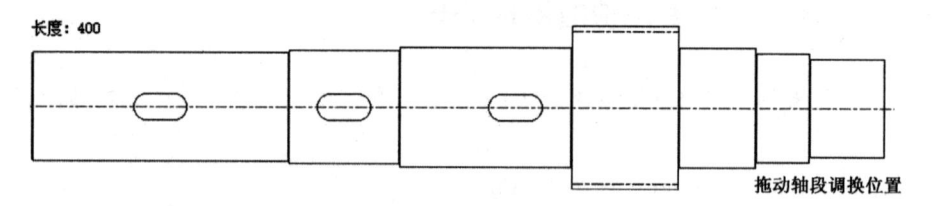

图 3-9 中间轴尺寸结构

3.6.2 轴的刚度计算

变速器在运转的时候,轴要受到齿轮上的圆周力、径向力以及轴向力,因此轴要承受转动的力矩和弯矩,这也说明了轴必须要有足够强的刚度和强度。刚度不足的轴在使用过程中会发生变形,严重影响齿轮的啮合。所以应该特别注重轴的刚度,改善轴的刚度通常首先选择刚度较高的优质材料作为加工轴的主要材料。其次是加工工艺的处理,通常是用热处理加工来提高轴的刚度。

齿轮运行时的最大影响因素是轴在垂直平面上产生的偏转和轴在水平面上的旋转。偏转会改变齿轮的中心距离,而旋转会破坏齿轮的正确啮合,后者导致齿轮相互歪斜,影响变速箱的使用年限。如图 3-10 所示为变速器轴的一般结构形式。

图 3-10 变速器轴

在初步确定轴的尺寸后,可以检查轴的刚度和强度是否符合标准。如果需要检查三轴式变速箱中第一轴的支点反作用力,则必须首先计算输出轴的反作用力。齿轮的挡位不同,不仅圆周力不同,径向力和轴向力都不同,而且力与支点之间的距离也不同。因此,应检查每个挡位。当检查时,轴被认为是铰接的支撑梁,应选取作用在第一轴上的扭矩 T_{emax}。轴的挠度和转角度可以根据材料力学中相关公式计算,仅仅当齿轮位置固定时来计算轴的挠度和转角。一轴常啮合齿轮的第一挡由于靠近负载点的距离小,通常偏转不大,故不需计算。变速器齿轮在轴上的位置如图 3-11 所示时,可分别用下式计算:

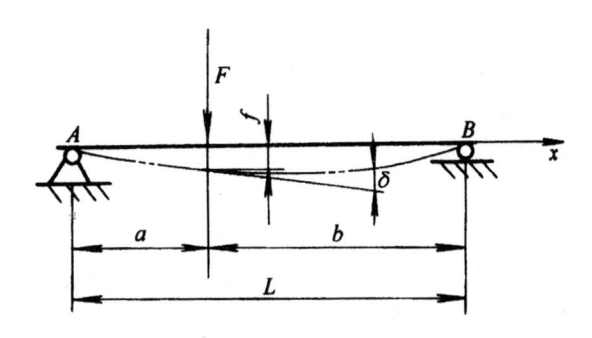

图 3-11 变速器轴的挠度和转角

$$f_c = \frac{F_1 a^2 b^2}{3EIL} \quad (3\text{-}28)$$

$$f_s = \frac{F_2 a^2 b^2}{3EIL} \quad (3\text{-}29)$$

$$\delta = \frac{F_1 ab(b-a)}{3EIL} \quad (3\text{-}30)$$

式中:F_1——齿轮齿宽中间平面上的圆周力;
F_2——齿轮齿宽中间平面上的径向力;

E——弹性模量,$E=2.1\times 10^5$ MPa;
I——惯性矩,对于实心轴:$I=\pi d^4/64$;
d——轴的直径,花键处按平均直径计算;
a、b——齿轮上作用力距支座 A、B 的距离;
L——支座间距离。

根据上述公式计算得到各挡在输出轴、中间轴的挠度和转角,结果如表3-5所示。

表 3-5　变速器各挡各轴挠度和转角

挡位		一挡	二挡	三挡	四挡
挠度	输入轴	0.043	0.096	0.10	0.059
	中间轴	0.07	0.17	0.159	0.11
转角	输入轴	0.0001	0.00005	0.0001	0.00016
	中间轴	0.0002	0.0001	0.0001	0.00017

轴的全挠度为 $f=\sqrt{f_c^2+f_s^2}\leqslant 0.2$ mm,轴在垂直面和水平面挠度的允许值为 $f_c=0.05\sim 0.10$ mm,$f_s=0.10\sim 0.15$ mm。齿轮所在平面的转角不应超过 0.002 rad。校核发现各轴的刚度均在上述条件允许范围内,符合设计要求。

3.6.3　轴的强度计算

作用在齿轮上的径向力和轴向力,使轴在垂直面内弯曲变形,而圆周力使轴在水平面内弯曲变形。在求取支点的垂直面和水平面内的支反力 F_c 和 F_s 之后,计算相应的弯矩 M_c、M_s。轴在转矩 T_n 和弯矩同时作用下,其应力为

$$\sigma=\frac{M}{W}=\frac{32M}{\pi d^3} \tag{3-31}$$

式中:$M=\sqrt{M_c^2+M_s^2+T_n^2}$; (3-32)

d——轴的直径,花键处取内径;
W——抗弯截面系数。

在低挡工作时,$\sigma\leqslant 400$ MPa。

通过上面的公式计算得到处于一挡时,输出轴的应力为102 MPa,中间轴的应力为108 MPa。两者都在400 MPa的范围内,所以满足设计要求。

3.7 三维建模及其装配

1. 输出轴的装配建模

打开 SolidWorks 软件,选择创建一个装配体,插入提前设计好的输出轴零件,然后单击装配体页面,插入需要的轴承,选择合适的配合安装,继续插入其中的圆柱齿轮 43×5 齿轮零部件,此时选择配合方式,需要集中配合才能将齿轮装配到输出轴上,操作页面如图 3-12 所示。

图 3-12 添加装配体零部件

依次选择需要的轴承和齿轮的大小,选择配合的定义安装,依次将输入轴安装完成,具体步骤如图 3-13 和图 3-14 所示。

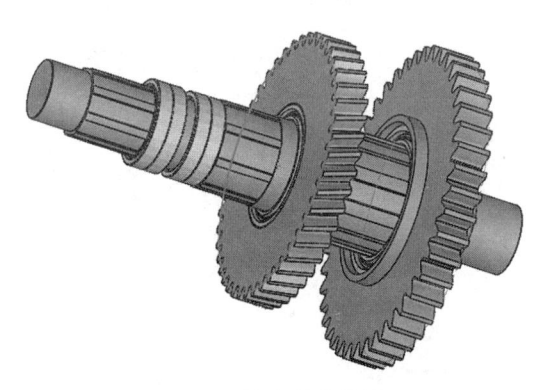

图 3-13 输出轴的装配 1

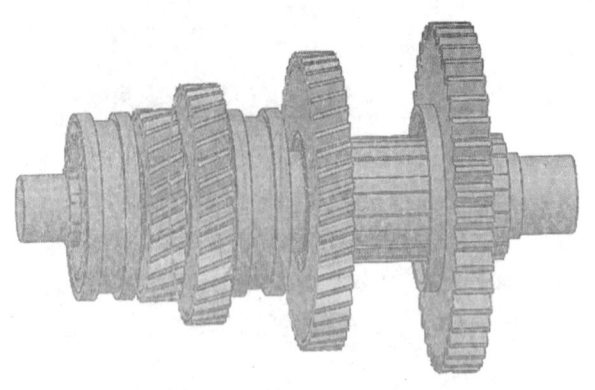

图 3-14　输出轴的装配 2

装配的过程是：加入输出轴—安装一挡轴承—一挡齿轮—二挡轴承—二挡齿轮等，依次进行安装。当输入轴安装完成就可以将输入轴安装的装配体暂时存入文件夹，等待最后的装配安装。

2. 中间轴的装配建模

中间轴的装配和输出轴的装配相似，装配顺序：加入中间轴—安装二挡主动齿轮—三挡主动齿轮—四挡主动齿轮等，依次进行安装，如图 3-15 和图 3-16 所示。

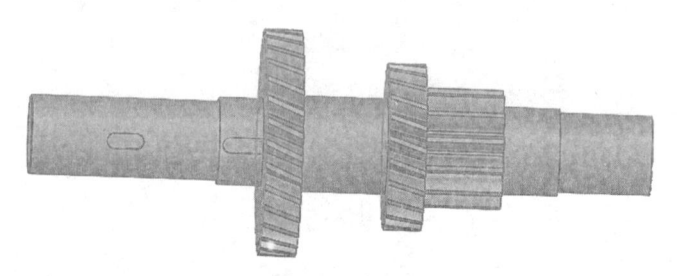

图 3-15　中间轴装配 1

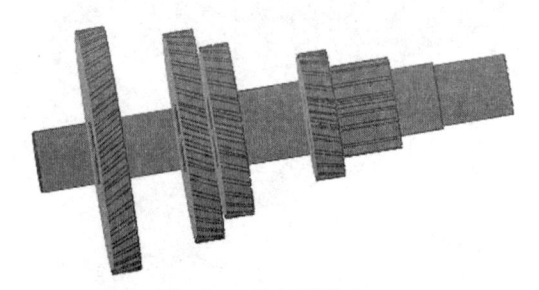

图 3-16　中间轴装配 2

3. 手动变速箱的装配

装配中间轴、输出轴之后,选择输入轴装配,和输出轴装配在一起,如图 3-17 所示。

图 3-17 输入—输出轴装配

然后选择输入轴,和输出轴装配在一起,最后选择倒挡齿轮轴,选择配合的方式,将它们装配到一起,如图 3-18 所示。

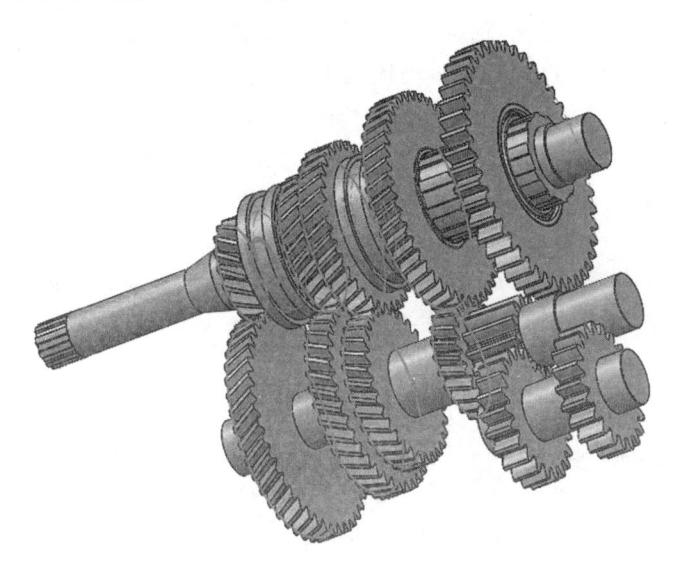

图 3-18 输入—输出—倒挡轴装配过程

检查装配好的装配图中的装配问题,检查无误后存入文件夹。

第4章 液力机械式自动变速器设计

1939年，美国通用汽车公司第一次成功研制了四挡液力变速器并应用于该公司生产的汽车上。该变速器由液力耦合器和行星齿轮式变速器组成，被认为是自动变速器的代表，至今仍然延续使用。1950年，美国福特汽车公司研制成功了装有液力变矩器的三挡液力自动变速器，这标志着车用液力自动变速器进入了成熟期。1977年以后，日本丰田汽车公司再一次创新，成功研制了具有超速挡的液力自动变速器。该变速器提高了变速器的变速比，也使得传动效率更高，换挡更加平稳。

随着汽车的高速化、油耗低和噪声小等要求的不断提高，液力自动变速器行星齿轮机构的挡位数和传动比范围都在慢慢增加。例如，丰田公司和日产汽车公司都是在原有三挡和四挡液力自动变速器的基础上，使用增加一排行星齿轮机构的方法，分别研制了四挡液力自动变速器和五挡自动变速器，而且都已装车使用，这也使原有三挡和四挡变速器的部分优势得到延续。

近年来，随着人们物质生活水平的快速提高，汽车行业也同样在快速发展，人们对汽车的追求并不仅仅是作为简单的代步工具，伴随着各大汽车行业相互竞争市场，汽车技术也在不断地提高。传动系统就像汽车的心脏，是汽车传递动力的关键。以前由于科技没有现在这么先进，大多数变速箱都采用机械式来改变变速箱的传动速度，随着人们对舒适和高科技的追求，传统的变速器已经不能满足人们的追求。随着科学技术的发展与进步，自动变速箱的问世宣告了汽车新时代的到来。

传统的变速箱，人们需要根据外界的情况以及驾驶需求，通过手动来改变变速箱中一些零件的工作情况。安装液力自动变速箱的汽车不需要机械力而通过油路液压来改变变速箱的传动比。这种变速箱还具有换挡时振动小，传动特别平稳，变速箱中零件使用寿命长等特点，并且能减少人工操作的繁杂，使驾驶者更舒服。液力变速箱主要通过液压中的油路系统控制行星齿轮变速机构来改变液力变速箱的传动比。现如今，世界上的许多大型的工程机械，以及各种类型的汽车和军用设备都使用这种变速器，越来越多的机械设备都采用这种变速器来改变传动比。

在汽车传动技术飞速发展的进程中,自动变速技术是一项十分重要的发明,至今已有70多年了。现代自动变速器主要是采用液力变矩器与行星齿轮变速器构成的液力机械自动变速箱,主要有四种形式:液力自动变速箱(AT)、电控机械自动变速箱(AMT)、机械式无级自动变速箱(CVT)和双离合器自动变速箱(DCT)。

液力自动变速箱(AT)能够使汽车按照外界负荷情况的变化选择合适的传动比,换挡冲击小、噪声低、传动平稳。同时,大大简化了手动操作的烦琐,使驾驶愈发轻松自在。由于具备上述优点,AT自发明后便一直是应用在汽车变速传动系统的主要形式。它是自动变速传动技术中发展最为成熟、应用最为普及的结构形式。AT传动比的改变主要由行星齿轮变速机构来完成。现如今,全世界的各种民用汽车、军用车辆和工程机械大都是使用这种变速器,而运用最广泛的是著名的辛普森(Simpson)式行星齿轮变速传动系统。

电控机械自动变速箱(AMT)是在传统手动齿轮变速器的基础上改进而来的,是综合了AT(自动)和MT(手动)两者优点的机电液一体化自动变速器。AMT既有液力自动变速器自动变速的优点,又保留了手动变速器齿轮传动的效率高、结构简单、生产成本低、易于制造的优势。

机械式无级自动变速箱(CVT)的特点是变速比不是间断的点,而是一系列连续变化的值,从而能更好地协调车辆外界行驶条件与发动机负载的关系,充分发掘发动机的潜力,提高整车燃油经济性,从而显著地提高汽车性能。目前它多采用带或链条传动方式进行动力传递。

双离合器自动变速箱(DCT)采用的是两套离合器,通过两套离合器的相互交替工作,达到无间隙换挡的目的。DCT综合了AT和AMT的优点,传动效率高、结构简单、成本较低,不仅保证了汽车运转的动力性和燃油经济性,而且极大地改善了汽车运行的舒适性。

由于行星齿轮变速箱的结构比较复杂,但是具体使用时要求其质量、体积、面积上都必须比传统的变速箱小,所以行星式齿轮传动机构的设计比较困难,工艺需求比较高,加工条件较高。由于液压行星式齿轮变速箱具有其他传统变速箱不具有的特点,并且可以满足人们如今各方面的需求,所以行星式齿轮变速箱在应用上也日益广泛。受尺寸以及形状的要求,在设计过程中,行星式齿轮变速器中传动系统的一些零件特别容易出现故障,所以需要很高水平的加工工艺。

由于一些和行星架相关的零件(如行星架、齿轮、齿圈等)结构复杂,在变速箱工作过程中负责其主要的动力传递作用,所承受荷载和扭矩都很大,所以行星齿轮机构在传递动力的过程中一定要满足工作的可靠性。要想知道行星架齿轮在传动过程中是否满足工作要求,就必须对行星架和齿轮进行强度计算,由于行星架和齿轮结构都比较复杂并且在传递动力的时候,受力的大小和方向都具有不确定性,所以用传统的计算方法来检验行星齿轮传动机构的可靠性相当复杂,并且误差较大。随着科技的发展,有限元法在解决实际问题上日渐成熟,并且应用广泛,大大减少了行星架传动机构检验的工作量,并且比较切合实际,还具有误差小、可靠性高等优点。

4.1 液力机械式自动变速器的组成原理及特点分析

1. 液力机械式自动变速器的组成和原理

液力机械式自动变速器主要由液力变矩器、行星齿轮式变速箱和换挡控制系统三部分组成。其中主要以电液控制形式为主,还包括液压控制单元和电子控制单元两部分。工作原理为,首先由各个位置的传感器,如节气门传感器和车速传感器,将节气门开度和车辆行驶速度转变为电信号,和其他部分的传感器转换的电信号一起传送到ECU电子控制单元。然后,电子控制单元会跟进控制规律对其进行比较计算。最终,将分析结果通过指令传达到对应的电液比例阀,接着电液比例阀将做出一系列动作:调节液压油压,调控使相应的离合器和制动器形成换挡,同时进一步精确地控制换挡时机和锁止离合器的工作。

2. 液力机械式自动变速器的特点分析

自动变速器使汽车的通过性得到提高,自适应性较好,与传统手动变速器相比,液力机械式自动变速器还具有一些显著特点。优点主要有,一是操作简单易学,容易驾驶,提高了行车安全性,而不像手动换挡那样,操纵动作太多。二是换挡平和,冲击力小,提高乘坐舒适性;液力变矩器把发动机转速控制在一定范围内,很好地降低了发动机的振动和噪声。三是起步和换挡时,离合器接合时的冲击小,换挡比较简单,传动平稳,减少对发动机的损伤,降低了轮胎的磨损,防止发动机和传动系统过载,提高了零件使用寿命。四是自动变速能根据路面工况,选择适合的车速。在换挡时不存在动力切断问题,不会使车速降低,具有良好的通过性。另外,具有结构复杂,成本较高,维修不便,传动效率低,离合器接合控制和坡上起步控制复杂等缺点。

4.2 液力变矩器的基本类型和结构

为了适应多种性能要求,近年来,出现了各种类型的液力变矩器:闭锁式液力变矩器、双泵轮液力变矩器、双涡轮液力变矩器、导轮反转液力变矩器等。汽车使用的液力变矩器一般都是单级、三工作轮的液力变矩器。三个工作轮分别是泵轮 B、涡轮 T、导轮 D。汽车行驶工况较为复杂,需要液力变矩器在很大的速比范围内正常工作,为了提高整个传动系统的效率,增加了闭锁装置,使其在车辆高速行驶工况下,将发动机输出的功率不经过液力变矩器,而直接传至行星齿轮变速系统。这就是闭锁式液力变矩器,目前在汽车液力传动中应用最为广泛。

轿车上的液力变矩器通常使用单级两相对称式液力变矩器。发动机通过输入轴及泵轮输入盘带动泵轮旋转,使泵轮内进口工作时液体速度和压力增大,即发动机传来的机械能转变为工作液体的动能和内能。工作液体流出泵轮,经过一小段无叶片区的流动,进入涡轮,冲击涡轮叶片,带动输出轴旋转。此过程中工作液体将能量转化为输出轴的机械能,速度和能量都有所减小。流出涡轮后又经一小段无叶片区流入导轮,由于导轮与壳体固定不能旋转,所以导轮只能改变工作液体的流向。但是液力变矩器能够变矩,正是由于导轮的存在,且导轮对涡轮流出的工作液体的流动改变得越剧烈,变矩比就会越大。

经导轮流出的工作液体,再经一小段无叶片区后又进入泵轮。至此工作液体在液力变矩器内经泵轮—涡轮—导轮—泵轮持续循环,把发动机输出的机械能连续不断地转换为涡轮输出轴端的机械能,驱动车辆行驶。

目前液力变矩器在汽车液力传动中已得到广泛应用,它具有以下特点。

①提高车辆通过性和低速行驶稳定性。
②提高发动机的工作效率。
③提高车辆传动系统的使用寿命。
④使汽车具有良好的自动适应性。
⑤液力传动系统的效率较机械传动系统的效率低,增加了油耗和废气排放,且结构复杂,制造维修成本较高。

4.3 行星齿轮传动的特点及分类

液力变矩器的变矩系数适用范围有限,难以满足汽车行驶过程中的需要,因此,通常使用行星齿轮式变速器作为主要的变速装置。与普通齿轮传动相比较,行星齿轮传动在传递动力时可进行功率分流;输入轴与输出轴位于同一主轴线,便于实现动力传递。因而采用行星齿轮机构的变速器不仅可满足可变传动比、可逆转向和空转的要求,还有其他优点:行星齿轮机构既有内啮合又有外啮合,比单一的外啮合结构紧凑,体积小;齿轮产生的作用力不传递到自动变速器壳体,壳体可以更薄、更轻,质量更小;行星齿轮均参与工作,荷载容量大,行星齿轮工作噪声低;齿间负荷小;结构刚度好;齿轮长期处于啮合状态,工作平稳性好,使用寿命长;传动效率高以及自动换挡等。所以,行星齿轮传动形式现已成为自动变速器普遍采用的结构形式,应用于各种机械传动系统中的减速器、增速器和变速器。行星齿轮传动几乎可适用于一切功率和转速范围,故目前行星传动技术受到世界各国机械传动研究者的重视,也是重点的发展对象之一。

变速箱的行星齿轮传动部分由行星齿轮机构组成。行星齿轮机构可以按不同的方式进行分类。

①按齿轮的啮合方式不同,行星齿轮机构可以分为内啮合式和外啮合式。外啮合式齿轮由于自身的局限,已基本淘汰;由于内啮合式行星齿轮机构结构紧凑,传动效率高,因而在自动变速器中得到普遍使用。

②按太阳轮、齿圈之间行星齿轮组数的不同,行星齿轮机构有两种形式:单级式行星齿轮和双级式行星齿轮。在太阳轮和齿圈之间,只有一组行星齿轮是单级式行星齿轮;双级式行星齿轮机构有两组相互啮合的行星齿轮。在其他条件相同的情况下,与单级行星齿轮机构相比,双级式行星齿轮的齿圈可以反向传动,多改变了一次传动方向。

行星齿轮变速器由行星齿轮传动机构和换挡操纵机构两部分组成。行星齿轮机构的作用是改变机构传动比和传动方向,形成不同的挡位。换挡操纵机构则是变换挡位。目前,小型车大多采用三挡或四挡,一般轿车主要是四挡,高级轿车是五挡或六挡。二、三、四挡变速器可以使用两个行星排来实现,但是,五挡必须采用三个行星排,其结构复杂化,会造成生产成本较高。由于单排行星齿轮机构形成挡数有限,车辆自动变速器通常是将多个行星排机构组合和换挡执行元件使用。通过换挡执行元件的离合和制动,让行星齿轮机构获得不同挡位和传速比。

(1) 行星齿轮机构的工作原理

行星齿轮变速器通常由2~3个行星齿轮机构组成,但其工作原理和基本结构可由最简单的单排行星齿轮机构来具体说明。

(2) 单排行星齿轮机构的分析

单排行星齿轮机构由1个太阳轮、1个齿圈、1个行星架和支承在行星架上的几个行星齿轮组成,是最简单的行星齿轮机构,如图4-1所示。行星齿轮的个数取决于变速器的设计负荷,对于重负荷的,需要增加多个行星齿轮,使工作负荷由更多的轮齿来承担。太阳轮位于中心(故也称中心轮),齿圈位于最外侧,行星齿轮在太阳轮与齿圈之间,分别与它们啮合。实际上行星齿轮机构通常有3~6个行星齿轮。太阳轮、齿圈和行星架三者有固定的轴线,称为行星排的3个基本元件。基本元件可以作为输入、输出构件使用,又可以作为制动件使用,行星轮不具备基本元件的任何一种功能,只是起到介轮的作用。行星齿轮总是处于常啮合状态,因此,这种结构可以迅速、平稳、准确地换挡,而不会产生齿轮碰撞或不完全啮合的现象。

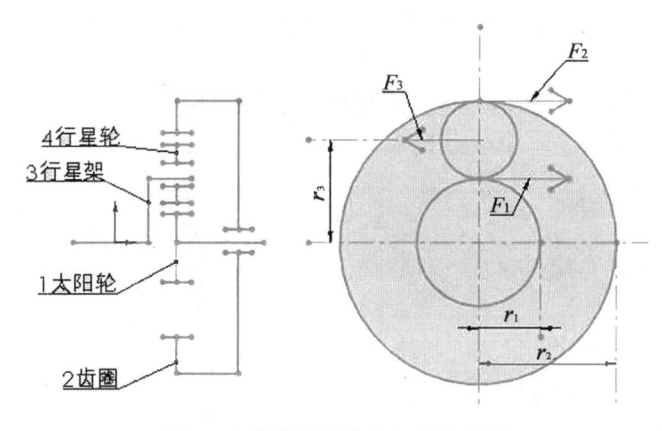

图 4-1 单排行星齿轮与受力分析

4.3.1 运动分析

为了了解行星齿轮变速器的工作原理,必须先明白单排行星齿轮的运动规律。下面分析单排行星齿轮机构的原理。图4-1为单排行星齿轮机构的示意图,图上标出行星轮所受到的作用力。

作用于中心轮1上的力矩:$M_1 = F_1 r_1$

作用于齿圈2上的力矩:$M_2 = F_2 r_2$

作用于行星架 3 上的力矩：$M_3 = F_3 r_3$

令齿圈与太阳轮的齿数比为 α，即：

$$\alpha = \frac{z_2}{z_1} = \frac{r_2}{r_1}$$

因而：$r_2 = \alpha r_1$，又有：

$$r_3 = \frac{r_1 + r_2}{2} = \frac{1+\alpha}{2} r_1$$

式中，r_1、r_2 分别为中心轮和齿圈的节圆半径；r_3 为行星轮与太阳轮的中心距。

由行星轮 4 的力平衡条件可得：

$$F_1 = F_2$$
$$F_3 = -2F_1$$

因此，中心轮、齿圈和行星架上的力矩分别为：

$$M_1 = F_1 r_1$$
$$M_2 = \alpha F_1 r_1 \qquad (4\text{-}1)$$
$$M_3 = -(1+\alpha) F_1 r_1$$

根据能量守恒定律，三个元件上输入和输出的功率的代数和应等于零，即：

$$M_1 \omega_1 + M_2 \omega_2 + M_3 \omega_3 = 0 \qquad (4\text{-}2)$$

式中，ω_1，ω_2，ω_3 分别为太阳轮、齿圈和行星架的角速度。

联立上式求解，即可得到表示单排行星齿轮机构一般运动规律的方程式：

$$\omega_1 + \alpha \omega_2 - (1+\alpha) \omega_3 = 0$$

若以转速替换角速度，则得到行星机构的特性方程：

$$n_1 + \alpha n_2 - (1+\alpha) n_3 = 0 \qquad (4\text{-}3)$$

4.3.2　传动比

单排行星齿轮机构有两个自由度，没有固定的传动比，不能直接用于变速传动。为了使其正常工作，必须将太阳轮、齿圈和行星架这三者中的任一元件作为主动件，使它与输入轴相连；将另一元件作为被动件，与输出轴相连；再将第三个元件加以约束，使其固定转速为零。这样，整个行星齿轮机构以一定的传动比来传递动力。三个基本元件有三种可能，共有六种不同的组合方案。下面分别讨论各种组合传动的情况。

1. 减速传动

①主动件——太阳轮，被动件——行星架，固定件——齿圈。

当齿圈被固定时,$n_2=0$,代入式(4-3)得,$n_1=(1+\alpha)n_3$,这种条件下其传动比i(传动比i为输入轴转速与输出轴转速之比)为:

$$i=\frac{n_1}{n_3}=(1+\alpha)>1$$

上式说明,采用这种方案传动,输出轴的转速为输入轴转速的$\frac{1}{(1+\alpha)}$,是一种减速增扭的传动。

②主动件——齿圈,被动件——行星架,固定件——太阳轮。

当太阳轮被固定时,$n_1=0$,则有$\alpha n_2=(1+\alpha)n_3$,传动比i为:

$$i=\frac{n_2}{n_3}=\frac{1+\alpha}{\alpha}>1$$

此传动方案也是一种减速增扭传动,但与第①种方案相比,传动比要小,即输出轴转速较快,挡位比第②种方案要高。

③主动件——太阳轮,被动件——齿圈,固定件——行星架。

当行星架被固定时,$n_3=0$,则有$n_1+\alpha n_2=0$,传动比i为:

$$i=\frac{n_1}{n_2}=-\alpha$$

此式的负号"-"表示齿圈的转动方向与太阳轮转向相反,即作为倒挡。但其绝对值$|-\alpha|>0$,故仍为一种减速增扭传动。

2. 升速传动(或超速传动)

①主动件——行星架,被动件——齿圈,固定件——太阳轮。

当太阳轮被固定时,$n_1=0$,则有$\alpha n_2=(1+\alpha)n_3$,传动比i为:

$$i=\frac{n_3}{n_2}=\frac{\alpha}{1+\alpha}<1$$

上式说明,此传动方案输出轴转速比输入轴转速高,故为升速减扭传动。

②主动件——行星架,被动件——太阳轮,固定件——齿圈。

当齿圈被固定时,$n_1=0$,则有$n_1=(1+\alpha)n_3$,传动比i为:

$$i=\frac{n_1}{n_3}=\frac{1}{1+\alpha}<1$$

此传动方案也是一种升速减扭传动,但其升速值大于前一种方案。

③主动件——齿圈,被动件——太阳轮,固定件——行星架。

当行星架被固定时,$n_3=0$,则有$n_1+\alpha n_2=0$,传动比i为:

$$i=\frac{n_2}{n_1}=-\frac{1}{\alpha}$$

此传动方案中,被动件太阳轮转动方向与齿圈相反,且是一种升速减扭传动,是一种升速的倒转。

可见,上述六种传动方案,三种为升速减扭,三种为减速增扭。此外还有两种特殊情况,分析如下。

3. 直接传动

当太阳轮、齿圈和行星架三个元件中,任两个元件连接成一体转动时,则第三个元件必然与前两者转速相同,即行星齿轮机构的基本元件没有相对运动,形成直接传动,传动比 $i=1$。

根据式(4-3)的特征方程加以说明,若 $n_1=n_2$,代入式(4-3),可得:

$$n_1=n_2=n_3$$

其余 $n_1=n_3$,$n_2=n_3$ 等情况,也可得到相同的结论。

4. 自由转动

如果太阳轮、齿圈和行星架三个元件中,既无任一元件制动,又无两个元件连成一体,那么各基本元件都可以自由转动,行星齿轮机构不传递动力。这种情况称为空挡。表4-1是上述多种组合方案的汇总。

表4-1 三元件组合方案汇总状态

方案	主动件	被动件	固定件	传动比	传动原理
1	太阳轮	行星架	齿圈	$1+\alpha$	减速增扭
2	齿圈	行星架	太阳轮	$\dfrac{1+\alpha}{\alpha}$	
3	太阳轮	齿圈	行星架	$-\alpha$	
4	行星架	齿圈	太阳轮	$\dfrac{\alpha}{1+\alpha}$	升速减扭
5	行星架	太阳轮	齿圈	$\dfrac{1}{1+\alpha}$	
6	齿圈	太阳轮	行星架	$-\dfrac{1}{\alpha}$	
7	任两个元件连成一体			1	直接传动
8	无任一元件制动,又无两个元件连接一体			1	不传递动力

4.4 奔驰 722.6 自动变速器

变速箱的自由度可以是二,也可以是由两个自由度串联而成的三自由度,同样可以是三个二自由度串联而成的四自由度的形式。对于多自由度变速箱需要划分其组成。观察共有几个行星排,相邻两个行星排之间有几个刚性元件共用。变速箱自由度 Y:

$$Y = m - n$$

式中,m 为旋转构件数;n 为行星排数。

旋转构件是指连接在一起且同速、同向旋转的刚性元件。

一般来说,小型汽车多使用三挡或四挡变速器,一般轿车主要是四挡变速,高级轿车则可能是五挡或六挡。单排行星齿轮机构所提供的可适用传动比的级数有限。为了增加可用传动比的级数,可适当增加行星齿轮机构的排数。一般具有三个或四个前进挡的自动变速器至少需要两排行星齿轮机构。但是,具有五个前进挡的变速器必须采用三个行星排。

行星齿轮机构一般使汽车有前进挡、倒挡、超速挡、降速挡和空挡。因为其齿轮是处于常啮合的状态,所以不像一般的手动变速器那样通过齿轮的接合或脱离实现换挡,而是通过离合器或制动器的工作,固定或释放不同行星齿轮排的不同的基本元件,从而改变汽车的行驶方向和传动比。

奔驰 722.6 自动变速器是电子控制 5 个前进挡和 2 个倒挡的奔驰自用自动变速器,变速箱的自由度为:$Y = 7 - 3 = 4$,现多用在奔驰的多款轿车上。该自动变速器行星齿轮机构由三排单级行星齿轮组成,分别称为前行星齿轮机构、中间行星齿轮机构以及后行星齿轮机构,如图 4-2 所示。

由图可知,前行星架与后齿圈连接为一体;后行星架与中间齿圈连接为一体,中间行星架是动力输出端。换挡执行元件包含三个离合器 K1、K2、K3 和三个制动器 B1、B2、B3 及两个单向离合器 F1、F2,各挡位执行元件的作用见表 4-2。

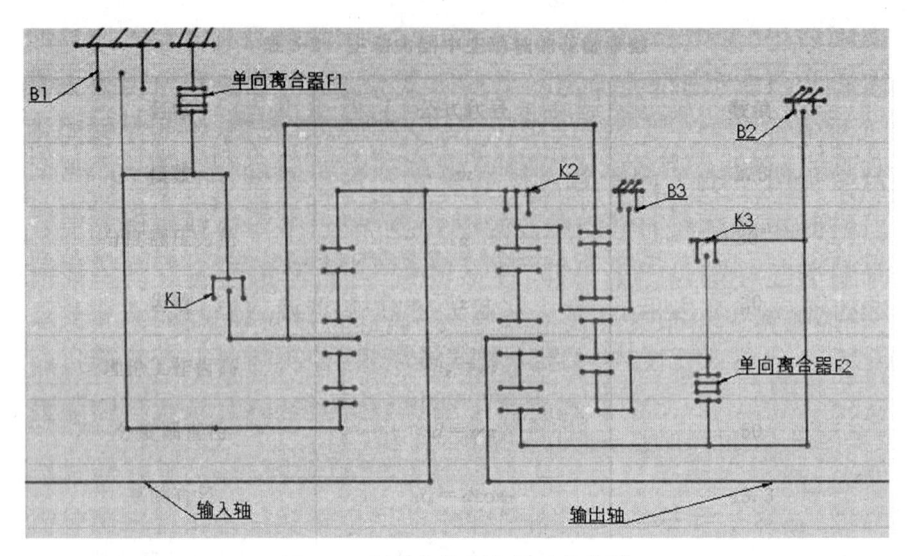

图 4-2 行星齿轮与变挡元件简图

表 4-2 各元件的作用

换挡执行元件	作用
离合器 K1	连接前行星架和前太阳轮,使之成为一体
离合器 K2	连接输入轴和中间齿圈/后行星架
离合器 K3	连接中间太阳轮和后太阳轮
制动器 B1	固定前太阳轮
制动器 B2	固定中间太阳轮
制动器 B3	固定后行星架/中间齿圈
单向离合器 F1	防止前太阳轮逆时针旋转
单向离合器 F2	当 B2 工作时,防止后太阳轮逆时针旋转

4.4.1 变速器工作过程分析

设行星齿轮排中太阳轮转速为 n_t,齿圈转速为 n_q,行星架转速为 n_j,输入轴转速为 n_i,输出轴转速为 n_o,齿圈与太阳轮的齿数比为 α,则行星齿轮排的特征方程如下式所示：
$$n_t + \alpha n_q - (1+\alpha)n_j = 0 \tag{4-4}$$

又知各行星排对应各部件齿数如表 4-3 所示。

表 4-3 基本各部件齿数

行星齿轮排	太阳轮齿数	齿圈齿数	齿圈与太阳轮齿数比
前行星齿轮排	58	95	1.6379
中间行星齿轮排	65	103	1.5846
后行星齿轮排	34	70	2.0588

另外，各个挡位工作时，离合器，制动器工作状态的对应关系见表 4-4。

表 4-4 各元件运转状态

元件\挡位	K1	K2	K3	B1	B2	B3	F1	F2
一挡	—	—	×	×	×	—	×	×
二挡	×	—	×	—	—	—	—	×
三挡	×	×	—	—	—	—	—	—
四挡	×	×	×	—	—	—	—	—
五挡	—	×	×	—	—	—	×	—
R1 挡	—	—	×	×	—	×	×	—
R2 挡	×	—	—	—	—	×	—	—

注：表中"×"表示"结合"，"—"表示"脱开"。

结合表 4-3 行星齿轮排的齿数、表 4-4 各挡位换挡元件的工作状态得出变速箱的动力传递路线，再根据行星齿轮排的特征方程，计算出各挡位的传动比。

1. 一挡动力传递分析

一挡动力传递过程如图 4-3 所示，制动器 B1 制动前排太阳轮，使其速度为 0，单向离合器 F1 锁止前排太阳轮，防止太阳轮逆时针旋转，K3 结合，使前后太阳轮连为一体,制动器 B2 制动中间太阳轮/后太阳轮,单向离合器 F2 锁止后排太阳轮,防止逆时针旋转。

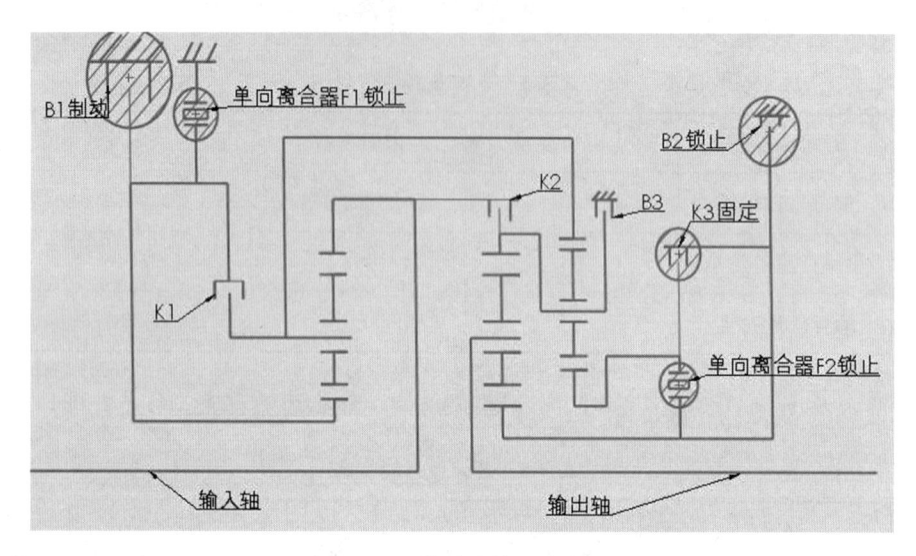

图 4-3　一挡动力传递路线图

各排行星齿轮机构的工作状态如下所述。
(1)前行星齿轮机构
输入轴驱动前齿圈顺时针旋转,前太阳轮有逆时针旋转的趋势,单向离合器 F1 结合或制动器 B1 工作,阻止前太阳轮逆时针旋转,使其固定。则前行星架同向减速输出,将动力传递给后齿圈。
(2)后行星齿轮机构
后齿圈接受前排传过来的动力,顺时针旋转,是动力输入端,后太阳轮有逆时针旋转的趋势,离合器 K3 结合,使后、中间太阳轮连接为一体,因制动器 B2、单向离合器 F2 阻止后太阳轮逆时针旋转,使后太阳轮固定。则后行星架也同向减速输出,将动力传递给中间齿圈。
(3)中间行星齿轮机构
中间齿圈接到动力输入,顺时针旋转,为动力输入端。中间太阳轮有逆时针旋转的趋势,因制动器 B2 工作,使其固定,阻止中间太阳轮逆时针旋转,则中间行星架同向减速旋转,是动力输出端。
据以上分析可知,一挡时三个行星排都是齿圈输入,都在做减速运动,故传动比 i 最大。
根据分析,列方程组:$n_i = n_{q1}$
前行星排:$n_{t1} + 1.6379 n_{q1} - (1+1.6379) n_{j1} = 0$

后行星排：$n_{t3}+2.0588n_{q3}-(1+2.0588)n_{j3}=0$
中间行星排：$n_{t2}+1.5846n_{q2}-(1+1.5846)n_{j2}=0$
已知：
$$n_{t1}=0, n_{j1}=n_{q3}, n_{j3}=n_{q2}$$
$$n_{t2}=0, n_{t3}=0, n_{j2}=n_o$$

解之得：
$$\begin{cases} n_{j1}=0.6209n_i \\ n_{j3}=0.4179n_i \\ n_o=n_{j2}=0.25622n_i \end{cases}$$

则
$$i_1=\frac{n_i}{n_o}=3.903$$

2. 二挡动力传递分析

二挡动力传递过程如图 4-4 所示，离合器 K1 结合，制动器 B1 释放，使前排太阳轮和行星架连接，形成一个整体，即前排行星齿轮机构以一个整体等速旋转，前排行星架将动力同向等速传递给后齿圈，此时单向离合器 F1 自动解锁，后两排与一挡以相同方式转动。

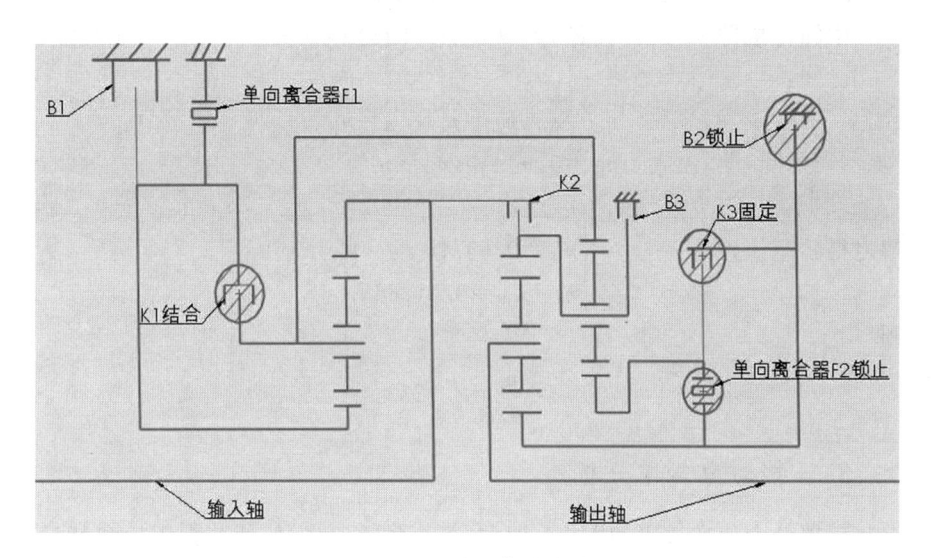

图 4-4 二挡动力传动路线图

各行星齿轮机构的工作状态如下述。
(1) 前行星齿轮机构
输入轴驱动前齿圈顺时针旋转，离合器 K1 工作，连接前行星架和前太阳轮，形成一个构件，使之同速转动，则前行星齿轮机构以一个整体等速旋转，前行星架将动力同向等速传递给后齿圈。前行星排为直接传动。

(2)后行星齿轮机构

后齿圈接收前排传递的动力，是动力输入端，其与输入轴同向等速顺时针旋转，后太阳轮有逆时针旋转的趋势，因此制动器 B2、单向离合器 F2 或离合器 K3 工作，使其固定，转速为 0，防止后太阳轮逆时针旋转，则后行星架同向减速输出，将动力传递给中间齿圈。

(3)中间行星齿轮机构

中间齿圈接到后行星架传递的动力，开始顺时针旋转，是动力输入端，中间太阳轮有逆时针旋转的趋势，因制动器 B2 制动，阻止中间太阳轮逆时针旋转，使之固定，则中间行星架同向减速旋转，是动力输出端。

据以上分析可知，与一挡相比，二挡时，后行星齿轮组和中间行星齿轮组在做减速运动，前排行星齿轮机构为直接转动，则传动比小于一挡。

根据分析，列方程组：

$$n_i = n_{q1}$$

前行星排：$n_{t1} + 1.6379 n_{q1} - (1+1.6379) n_{j1} = 0$

后行星排：$n_{t3} + 2.0588 n_{q3} - (1+2.0588) n_{j3} = 0$

中间行星排：$n_{t2} + 1.5846 n_{q2} - (1+1.5846) n_{j2} = 0$

已知：

$$n_{t1} = n_{j1}, n_{j1} = n_{q3}, n_{j3} = n_{q2}$$
$$n_{t2} = 0, n_{t3} = 0, n_{j2} = n_o$$

解之得：
$$\begin{cases} n_{j1} = n_i \\ n_{j3} = 0.6371 n_i \\ n_o = n_{j2} = 0.41266 n_j \end{cases}$$

则

$$i = \frac{n_i}{n_o} = 2.4233$$

3.三挡动力传递分析

三挡动力传递过程如图 4-5 所示，离合器 K1 结合，使前太阳轮和行星架连接在一起。离合器 K2 结合，使输入轴与中间齿圈相连。中间齿圈与输出轴同速转动，制动器 B2 制动，中间太阳轮固定。

各排行星齿轮机构的工作状态如下所述。

(1)前行星齿轮机构

输入轴驱动前齿圈顺时针旋转，离合器 K1 工作，连接前行星架和前太

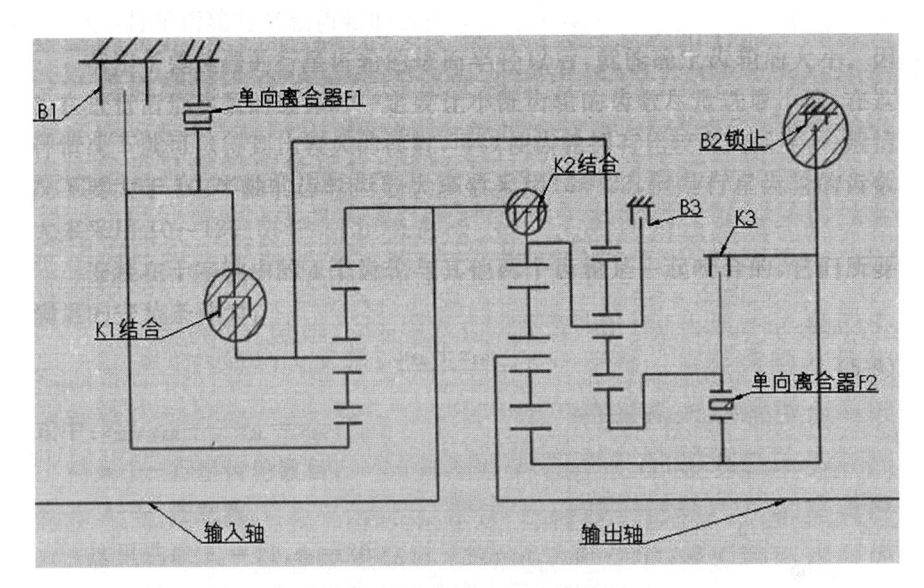

图 4-5 三挡动力传动路线图

阳轮，使之成为一体，以同速转动，则前行星齿轮机构以一个整体等速旋转，前行星架将动力同向等速传递给后齿圈。前行星排为直接传动。

(2) 后行星齿轮机构

后齿圈接收前排传递的动力，与输入轴等速顺时针旋转，同时离合器 K2 工作，连接输入轴和中间齿圈/后行星架，使之与输入轴等速旋转，后行星齿轮机构的齿圈和行星架同时以输入轴转速转动，即后太阳轮也以输入轴转速旋转，则后行星架同向等速输出，将动力传递给中间齿圈。后行星排为直接传动。

(3) 中间行星齿轮机构

离合器 K2 工作，连接输入轴和中间齿圈，使之等速旋转，离合器 K2 和后行星架同时驱动中间齿圈顺时针与输入轴等速旋转，是动力输入端；中间太阳轮有逆时针旋转的趋势，因此制动器 B2 工作，使之固定，阻止中间太阳轮旋转，则中间行星架同向减速输出，是动力输出端。

据以上分析可知，三挡时，前、后行星齿轮机构都是同向等速旋转，为直接传动，只有中间行星齿轮机构在执行减速运动，传动比小于二挡。

根据分析，列方程组：

$$n_i = n_{q1} = n_{q2}$$

前行星排：$n_{t1} + 1.6379 n_{q1} - (1+1.6379) n_{j1} = 0$

后行星排：$n_{t3} + 2.0588 n_{q3} - (1+2.0588) n_{j3} = 0$

中间行星排：$n_{t2}+1.5846n_{q2}-(1+1.5846)n_{j2}=0$

已知：
$$n_{t1}=n_{j1}, n_{j1}=n_{q3}, n_{j3}=n_{q2}$$
$$n_{t2}=0, n_{j2}=n_o$$

解之得：
$$\begin{cases} n_{j1}=n_i \\ n_{j3}=n_i \\ n_o=n_{j2}=0.6131n_i \end{cases}$$

则
$$i_3=\frac{n_i}{n_o}=1.631$$

4. 四挡动力传递分析

离合器 K1、K2、K3 均结合，使各行星排均为直接传动。

四挡时，动力传递路线如图 4-6 所示，四挡时离合器 K1、K2、K3 都工作。由以上一、二、三挡动力传递路线分析可知，离合器 K1 工作时，前行星齿轮机构为直接传动；离合器 K2 工作时，后行星齿轮机构为直接传动；离合器 K3 工作时，中间太阳轮和后太阳轮连接为一体，则中间太阳轮也以输入轴转速旋转。因中间行星齿轮机构的齿圈和太阳轮同时以输入轴转速旋转，故中间齿轮机构也是直接传动，总传动比为 1。

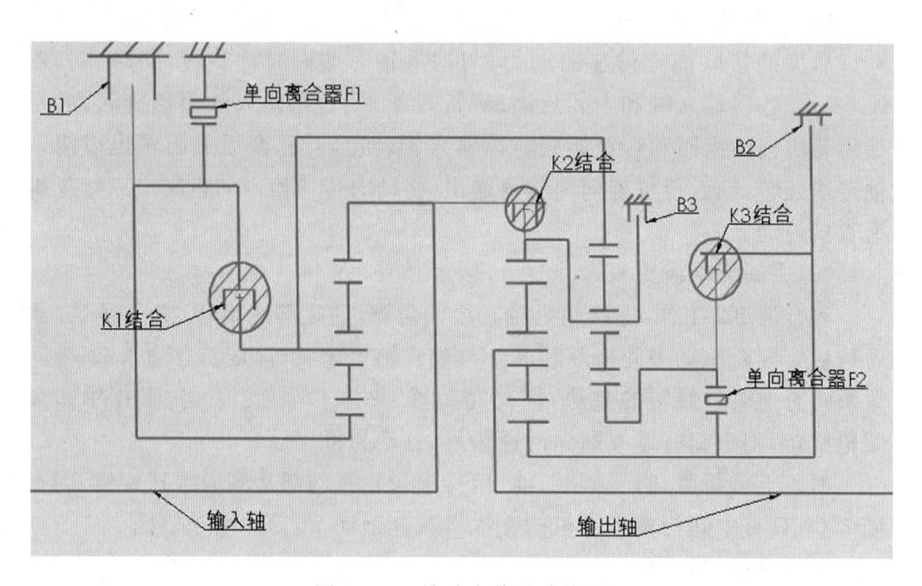

图 4-6 四挡动力传递路线图

根据分析，列方程组：

$$n_i = n_{q1} = n_{q2}$$

前行星排：$n_{t1} + 1.6379 n_{q1} - (1 + 1.6379) n_{j1} = 0$

后行星排：$n_{t3} + 2.0588 n_{q3} - (1 + 2.0588) n_{j3} = 0$

中间行星排：$n_{t2} + 1.5846 n_{q2} - (1 + 1.5846) n_{j2} = 0$

已知：

$$n_{t1} = n_{j1}, n_{j1} = n_{q3}, n_{j3} = n_{q2} = n_i$$
$$n_{t2} = n_{t3}, n_{j2} = n_o$$

解之得：
$$\begin{cases} n_{j1} = n_i \\ n_{t2} = n_{t3} = n_i \\ n_o = n_{j2} = n_i \end{cases}$$

则

$$i_4 = \frac{n_i}{n_o} = 1$$

5. 五挡动力传递分析

五挡动力传递过程如图 4-7 所示，制动器 B1 制动或单向离合器 F1 锁止，使前太阳轮固定，转速为 0。离合器 K2 工作，使动力直接传递到中间齿圈。离合器 K3 结合，使中间太阳轮和后太阳轮连接为一体，等速同向旋转。

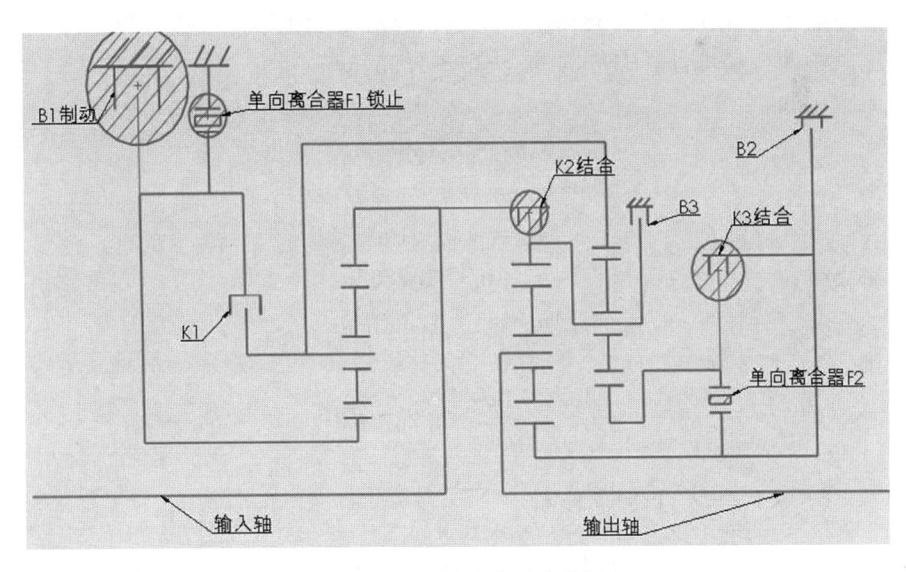

图 4-7 五挡动力传递路线图

各行星齿轮机构的工作状态如下。

(1) 前行星齿轮机构

输入轴驱动前齿圈顺时针旋转,前太阳轮有逆时针旋转的趋势,制动器 B1 结合或单向离合器 F1 锁止,阻止前太阳轮逆时针旋转,使之固定,转速为 0,则前行星架同向减速输出,将动力传递给后齿圈。

(2) 后行星齿轮机构

后行星齿轮机构有两组输入,一是后齿圈接收前排行星排传递的动力,开始顺时针减速旋转;二是离合器 K2 工作,连接输入轴和中间齿圈/后行星架,使之成为一体,同速旋转。即后行星架也与输入轴等速旋转,后太阳轮顺时针增速旋转。

(3) 中间行星齿轮机构

中间行星齿轮机构也有两组输入,一是离合器 K2 工作,连接输入轴和中间齿圈/后行星架,使之成为一体,即中间齿圈与输入轴等速旋转;二是离合器 K3 工作,使中间太阳轮和后太阳轮连接为一体,其速度一致,中间太阳轮也是输入端。同向增速旋转,则中间行星架也是同向增速旋转。传动比小于 1,为超速挡。

根据分析,列方程组:

$$n_i = n_{q1} = n_{q2}$$

前行星排:$n_{t1} + 1.6379 n_{q1} - (1+1.6379) n_{j1} = 0$

后行星排:$n_{t3} + 2.0588 n_{q3} - (1+2.0588) n_{j3} = 0$

中间行星排:$n_{t2} + 1.5846 n_{q2} - (1+1.5846) n_{j2} = 0$

已知:

$$n_{t1} = 0, n_{j1} = n_{q3}, n_{j3} = n_{q2} = n_i$$

$$n_{t2} = n_{t3}, n_{j2} = n_o$$

解之得:
$$\begin{cases} n_{j1} = 0.62091 n_i \\ n_{t2} = n_{t3} = 1.7805 n_i \\ n_o = n_{j2} = 1.3037 n_i \end{cases}$$

则

$$i_5 = \frac{n_i}{n_o} = 0.76705$$

6. R1 挡动力传递分析

R1 挡动力传递过程如图 4-8 所示,制动器 B1 工作,单向离合器 F1 锁止,防止前太阳轮旋转,使前太阳轮固定。制动器 B3 固定,让后行星架与中间齿圈固定。离合器 K3 结合,使后太阳轮与中间太阳轮形成一个整体,等速转动。

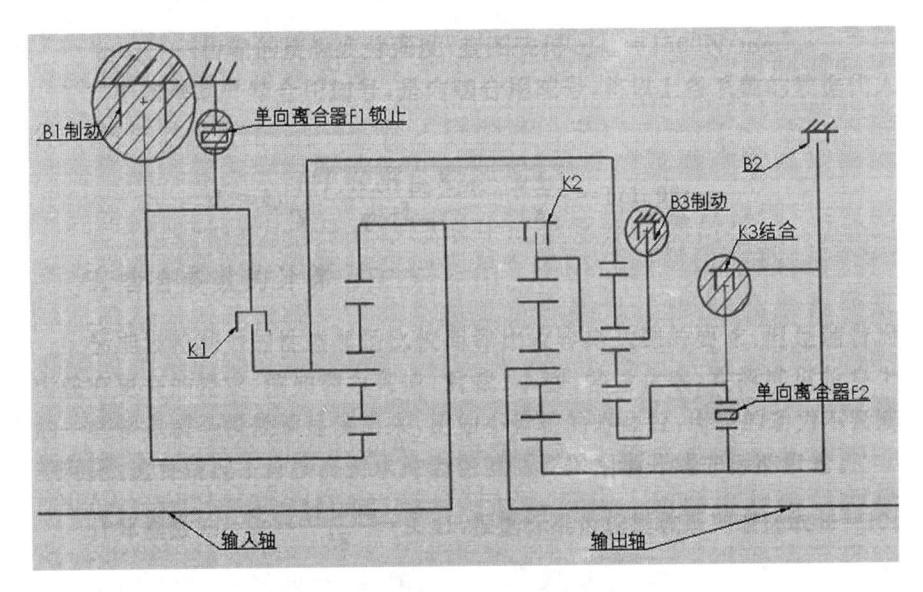

图 4-8　R1 挡动力传递路线图

各行星齿轮机构的工作状态如下所述。
(1)前行星齿轮机构

输入轴驱动前齿圈顺时针旋转,前太阳轮有逆时针旋转的趋势,单向离合器 F1 锁止或制动器 B1 结合,使前太阳轮固定,阻止前太阳轮逆时针旋转,则前行星架同向减速输出,将动力传递给后齿圈。

(2)后行星齿轮机构

后齿圈接到前排行星齿轮机构传递的动力,开始顺时针旋转,为动力输出端。制动器 B3 工作,固定后行星架,则后太阳轮反向增速旋转,即逆时针增速旋转。

(3)中间行星齿轮机构

离合器 K3 结合,将后太阳轮和中间太阳轮连接为一体,以同速旋转,则中间太阳轮也逆时针旋转,中间太阳轮是中间行星齿轮机构的动力输入端。制动器 B3 工作,固定中间齿圈,则中间行星架相对于中间太阳轮同向减速旋转,即相对于输入轴逆时针减速旋转。

由以上分析可知:R1 挡时,前行星齿轮机构为同向减速旋转;后行星齿轮机构为反向增速旋转;中间行星齿轮机构为同向减速运动。总传动比为反向减速,即中间行星架逆时针减速旋转。

根据分析,列方程组:
$$n_i = n_{q1}$$
前行星排:$n_{t1} + 1.6379n_{q1} - (1+1.6379)n_{j1} = 0$
后行星排:$n_{t3} + 2.0588n_{q3} - (1+2.0588)n_{j3} = 0$
中间行星排:$n_{t2} + 1.5846n_{q2} - (1+1.5846)n_{j2} = 0$
已知:
$$n_{t1} = 0, n_{j1} = n_{q3}, n_{j3} = n_{q2} = 0$$
$$n_{t2} = n_{t3}$$
$$n_{j2} = n_o$$

解之得:
$$\begin{cases} n_{j1} = 0.62091n_i \\ n_{t2} = n_{t3} = -1.27833n_i \\ n_o = n_{j2} = -0.4646n_i \end{cases}$$

则
$$i_{R1} = \frac{n_i}{n_o} = -2.0218$$

7. R2挡动力传递分析

R2挡动力传递过程如图4-9所示,离合器K1结合,前太阳轮与行星架连接为一体,制动器B1结合,单向离合器F1自动解锁,使前排为直接传动。中间与后行星排传动形式相同。

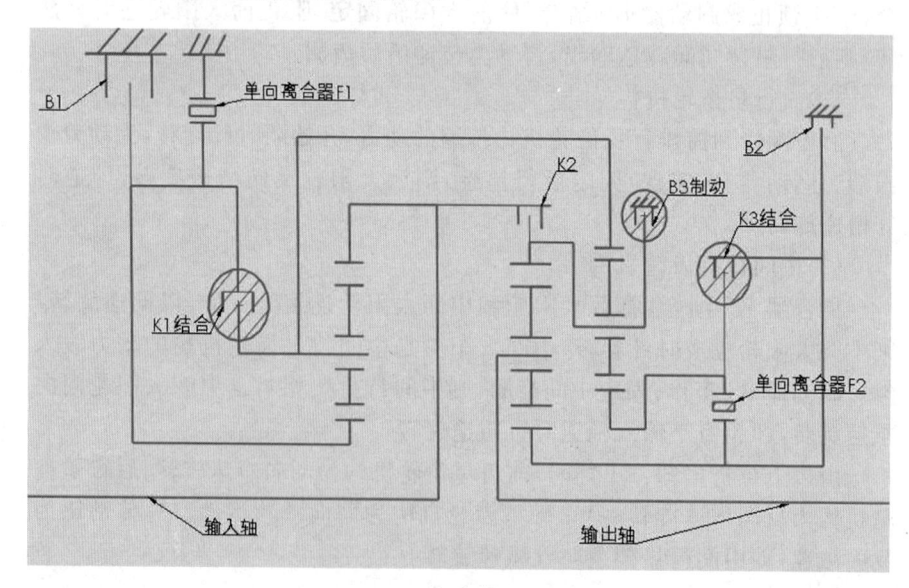

图4-9 R2挡动力传递路线图

行星齿轮机构工作状态如下。

在前行星齿轮机构中,输入轴驱动前齿圈顺时针旋转,离合器 K1 工作,连接前行星架和前太阳轮,使之形成一个整体一起转动,则前行星齿轮机构以一个整体与输入轴等速旋转,即前行星齿轮机构为直接传动。前行星架同向等速输出,将动力传递给后齿圈。后行星齿轮机构和中间行星齿轮机构的情形与 R1 挡相同。与 R1 挡相比,R2 挡时,前行星齿轮机构由同向减速变为同向等速旋转,故中间行星架为反向旋转,传动比绝对值比 R1 挡时小。

根据分析,列方程组:

$$n_i = n_{q1}$$

前行星排:$n_{t1} + 1.6379 n_{q1} - (1 + 1.6379) n_{j1} = 0$

后行星排:$n_{t3} + 2.0588 n_{q3} - (1 + 2.0588) n_{j3} = 0$

中间行星排:$n_{t2} + 1.5846 n_{q2} - (1 + 1.5846) n_{j2} = 0$

已知:

$$n_{t1} = n_{j1} = n_{q3}$$

$$n_{j3} = n_{q2} = 0$$

$$n_{t2} = n_{t3}$$

$$n_{j2} = n_o$$

解之得:
$$\begin{cases} n_{j1} = n_{q3} = n_i \\ n_{t2} = n_{t3} = -2.0588 n_i \\ n_o = n_{j2} = -0.7966 n_i \end{cases}$$

则

$$i_{R2} = \frac{n_i}{n_o} = -1.255$$

综上,根据各个动力传递路线,计算出各挡位时的传动比,如表 4-5 所示。

表 4-5 各挡位传动比

挡位	一挡	二挡	三挡	四挡	五挡	R1 挡	R2 挡
传动比	3.903	2.423	1.631	1	0.767	-2.022	-1.255

4.4.2 功率分析

由以上各挡位的传动比 i 和齿圈与太阳轮的齿数比 α,根据理论内转矩方程，设输入转矩为 M_i，输出转矩为 M_o，太阳轮转矩为 M_t，齿圈转矩为 M_q，行星架转矩为 M_j，计算各排转矩；根据速度，计算功率，画出动率流线图（不计损失）。

输入转矩与输出转矩之间的关系：
$$M_o = -iM_i$$

基本元件的理论内转矩之间的关系：
$$\frac{M_t}{1} = \frac{M_q}{\alpha} = \frac{M_j}{-(1+\alpha)}$$

1. 一挡时功率分析

根据动力传动路线图、速度，计算出各零部件的转矩、功率，列如下方程组：

(1)输出转矩：$M_o = 3.903 M_i$

前行星排基本元件转矩：
$$M_{q1} = -M_i$$
$$M_{t1} = \frac{M_{q1}}{\alpha_1} = -0.6105 M_i$$
$$M_{j1} = -(1+\alpha) M_{t1} = 1.6105 M_i$$

后行星排基本元件转矩：
$$M_{q3} = -M_{j1} = -0.6105 M_i$$
$$M_{t3} = \frac{M_{q3}}{\alpha_3} = -0.7823 M_i$$
$$M_{j3} = -(1+\alpha) M_{t3} = 2.3928 M_i$$

中间行星排基本元件转矩：
$$M_{q2} = -M_{j3} = -2.3928 M_i$$
$$M_{t2} = \frac{M_{q2}}{\alpha_2} = -1.510 M_i$$
$$M_{j2} = -(1+\alpha) M_{t2} = 3.9028 M_i$$

(2)输入功率：$N_i = n_i M_i$

输出功率：
$$N_o = n_o M_o = -3.903 M_i \times 0.25622 n_i = -M_i n_i$$

前行星排：
$$N_{t1} = n_{t1} M_{t1} = -1.6105 M_i \times 0 = 0$$
$$N_{q1} = n_{q1} M_{q1} = -M_i n_i$$
$$N_{j1} = n_{j1} M_{j1} = 1.6105 M_i \times 0.6291 \approx M_i n_i$$

中间行星排：
$$N_{t2}=n_{t2}M_{t2}=-1.510M_i\times 0=0$$
$$N_{q2}=n_{q2}M_{q2}=-2.3928M_i\times 0.4197n_i\approx -M_in_i$$
$$N_{j2}=n_{j2}M_{j2}=3.9028M_i\times 0.25622n_i\approx M_in_i$$

后行星排：
$$N_{t3}=n_{t3}M_{t3}=-0.7823M_i\times 0=0$$
$$N_{q3}=n_{q3}M_{q3}=1.6105M_i\times 0.6209n_i\approx M_in_i$$
$$N_{j3}=n_{j3}M_{j3}=2.3928M_i\times 0.4197n_i\approx M_in_i$$

由以上计算可知：机构输入功率为 n_iM_i，不计损失，输入功率等于输出功率。机构中，无循环功率，故功率流线图如图 4-10 所示。

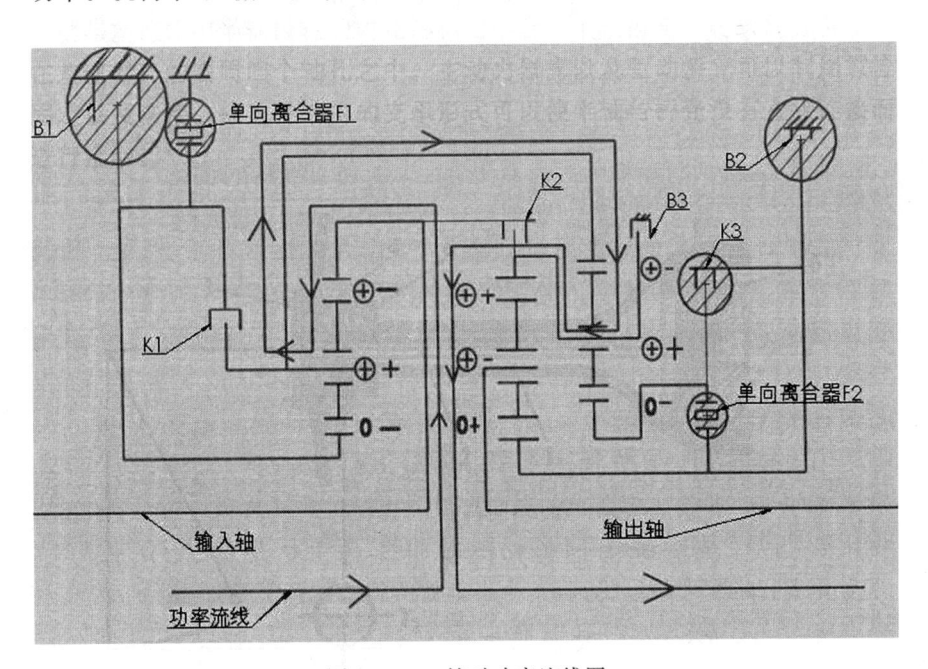

图 4-10 一挡时功率流线图

2. 二挡时功率分析

根据动力传动路线图、速度，计算出各零部件的转矩、功率，列如下方程组。

(1) 输出转矩：$M_o=-2.423M_i$

离合器 K1 工作，前行星架与太阳轮连接在一起同速旋转，前行星齿轮机构以一个整体与输出轴等速旋转，前行星架将动力同向等速传递给后齿圈，是直接传动。即

$$M_1 = -M_i$$

后行星排基本元件转矩：
$$M_{q3} = -M_{j1} = -M_i$$
$$M_{t3} = \frac{M_{q3}}{\alpha_3} = -0.4856M_i$$
$$M_{j3} = -(1+\alpha)M_{t3} = 1.4856M_i$$

中间行星排基本元件转矩：
$$M_{q2} = -M_{j3} = -1.4856M_i$$
$$M_{t2} = \frac{M_{q2}}{\alpha_2} = -0.9375M_i$$
$$M_{j2} = -(1+\alpha)M_{t2} = 2.423M_i$$

(2) 输入功率：$N_i = M_i n_i$

输出功率：
$$N_o = n_o M_o = -2.423M_i \times 0.41266n_i = -M_i n_i$$

前行星排：前行星排为一个整体等度转动，无相对运动，故
$$N_1 = n_1 M_1 = M_i n_i$$

中间行星排：
$$N_{t2} = n_{t2} M_{t2} = -0.9375M_i \times 0 = 0$$
$$N_{q2} = n_{q2} M_{q2} = 1.4856M_i \times 0.6371n_i \approx -M_i n_i$$
$$N_{j2} = n_{j2} M_{j2} = 2.423M_i \times 0.41266n_i \approx M_i n_i$$

后行星排：
$$N_{t3} = n_{t3} M_{t3} = -0.4856M_i \times 0 = 0$$
$$N_{q3} = n_{q3} M_{q3} = -M_i n_i$$
$$N_{j3} = n_{j3} M_{j3} = 1.4856M_i \times 0.6731n_i \approx M_i n_i$$

由以上计算可知：机构输入功率为 $N_i = M_i n_i$，不计损失，输入功率等于输出功率。故功率流线图如图 4-11 所示。

3. 三挡时功率分析

根据动力传动路线图、速度，计算出各零部件的转矩、功率，列如下方程组。

(1) 输出转矩：$M_o = -1.631M_i$

离合器 K1 工作，使前行星架与太阳轮连接在一起，前行星排前行星齿轮机构以一个整体等速旋转，是直接传动。故：
$$M_1 = M_i$$

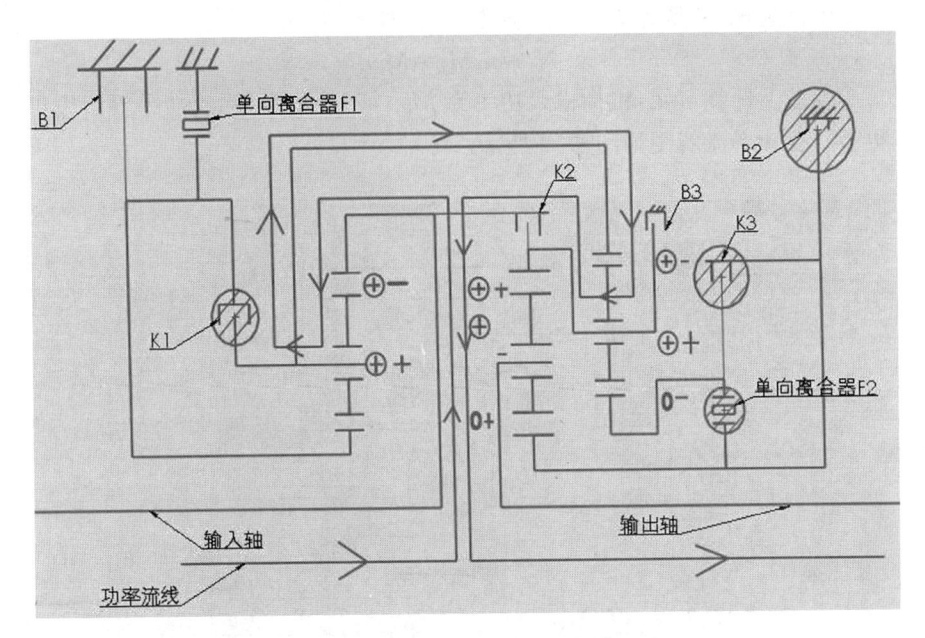

图 4-11　二挡时功率流线图

后齿圈与输入轴等速顺时针旋转，后行星齿轮机构的齿圈和行星架被同时以输入轴转速驱动，则后行星架同向等速输出，将动力传递给中间齿圈。即后行星齿轮机构也是一个整体同速旋转，为直接传动。

$$M_3 = -M_i$$

中间行星排基本元件转矩：

$$M_{q2} = -M_{j3} = -M_i$$

$$M_{t2} = \frac{M_{q2}}{\alpha_2} = 0.6311 M_i$$

$$M_{j2} = -(1+\alpha) M_{t2} = 1.6311 M_i$$

(2) 输入功率：$N_i = M_i n_i$

输出功率：

$$N_o = n_o M_o = -1.631 M_i \times 0.25622 n_i = -M_i n_i$$

前行星排：前行星排为一个整体等度转动，无相对运动，故

$$N_1 = n_1 M_1 = M_i n_i$$

中间行星排：

$$N_{t2} = n_{t2} M_{t2} = -0.9375 M_i \times 0 = 0$$

$$N_{q2} = n_{q2} M_{q2} = 1.4856 M_i \times 0.6371 n_i \approx -M_i n_i$$

$$N_{j2} = n_{j2} M_{j2} = 2.423 M_i \times 0.41266 n_i \approx M_i n_i$$

后行星排：后行星排为一个整体，无相对运动，故
$$N_3 = n_3 M_3 = M_i n_i$$
由以上计算可知：机构输入功率为 $M_i n_i$，不计损失，输入功率等于输出功率。故功率流线图如图 4-12 所示。

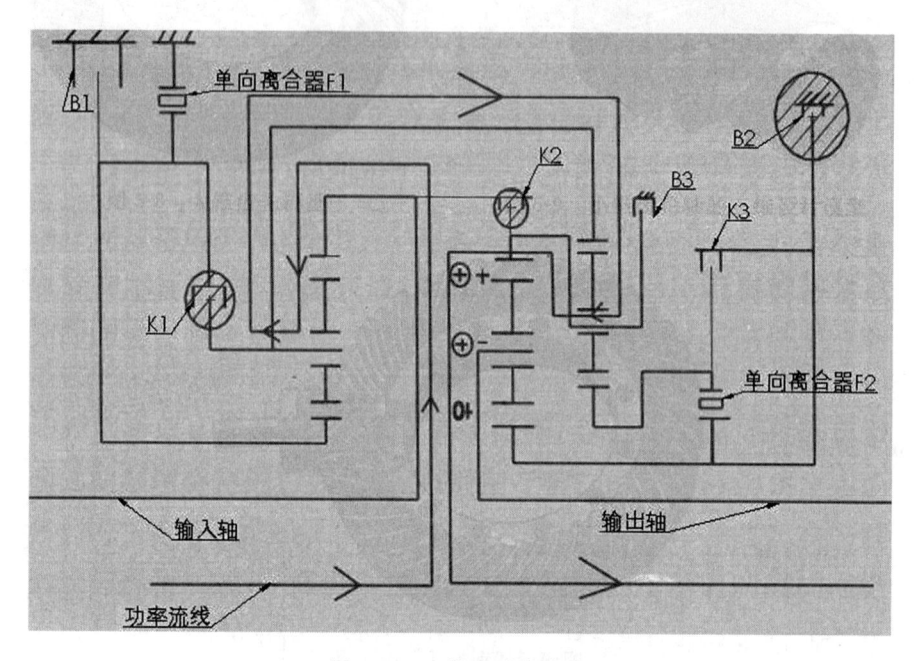

图 4-12 三挡时功率流线

4. 四挡时功率分析

根据动力传动路线图、速度，计算出各零部件的转矩、功率，列如下方程组。

(1) 输出转矩：$M_o = -M_i$

离合器 K1 工作时，前行星齿轮机构为直接传动。故前行星排基本元件转矩：$M_1 = M_i$。

离合器 K2 工作时，后行星齿轮机构为直接传动。故后行星排基本元件转矩：$M_3 = -M_i$。

离合器 K3 工作时，中间太阳轮和后太阳轮连接为一体，则中间太阳轮以输入轴转速旋转，即中间齿轮机构也为直接传动。故中间行星排基本元件转矩：$M_2 = M_i$。

(2)输入功率：$N_i = M_i n_i$

输出功率：$N_o = M_o n_o = -M_i n_i$

前行星排：$N_1 = n_1 M_1 = M_i n_i$

中间行星排：$N_2 = n_2 M_2 = M_i n_i$

后行星排：$N_3 = n_3 M_3 = M_i n_i$

由以上计算可知：机构输入功率为 $M_i n_i$，不计损失，输入功率等于输出功率。机构中，无循环功率。故功率流线图如图 4-13 所示。

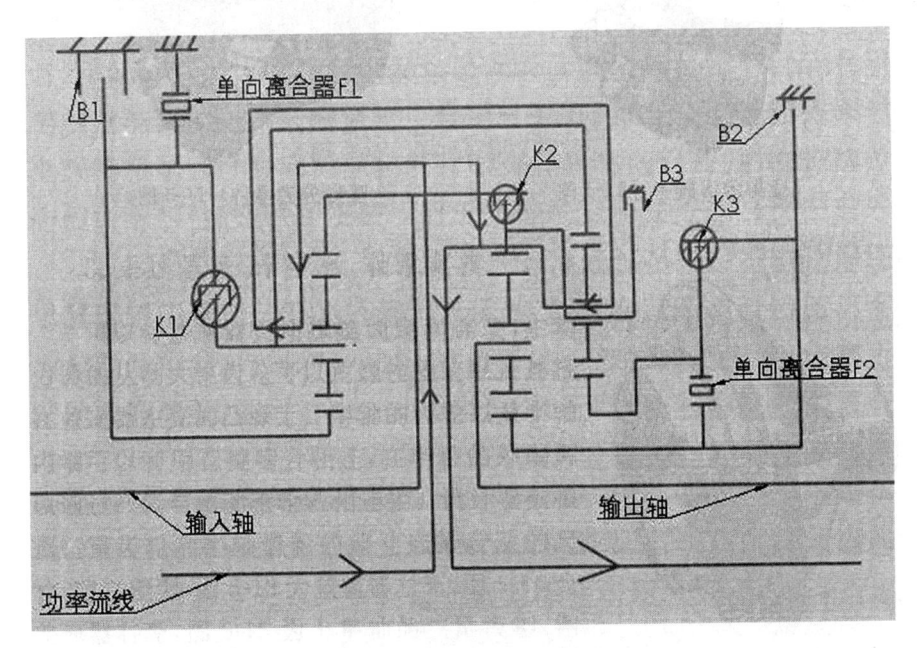

图 4-13 四挡时功率流线图

5.其余挡位时功率分析

依据参考上述的分析，做出其余挡位时的功率流线图。

五挡时制动器 B1 制动或单向离合器 F1 锁止，离合器 K1、K2 结合。画出其功率流线图(图 4-14)。

R1 挡时，制动器 B1 工作，制动器 B3 固定，单向离合器 F1 锁止，离合器 K3 驱动。依据上述方法，画出功率流线图(图 4-15)。

R2 挡时，离合器 K1 结合，连接前行星架和前太阳轮，则前行星齿轮机构以一个整体等速旋转(图 4-16)。

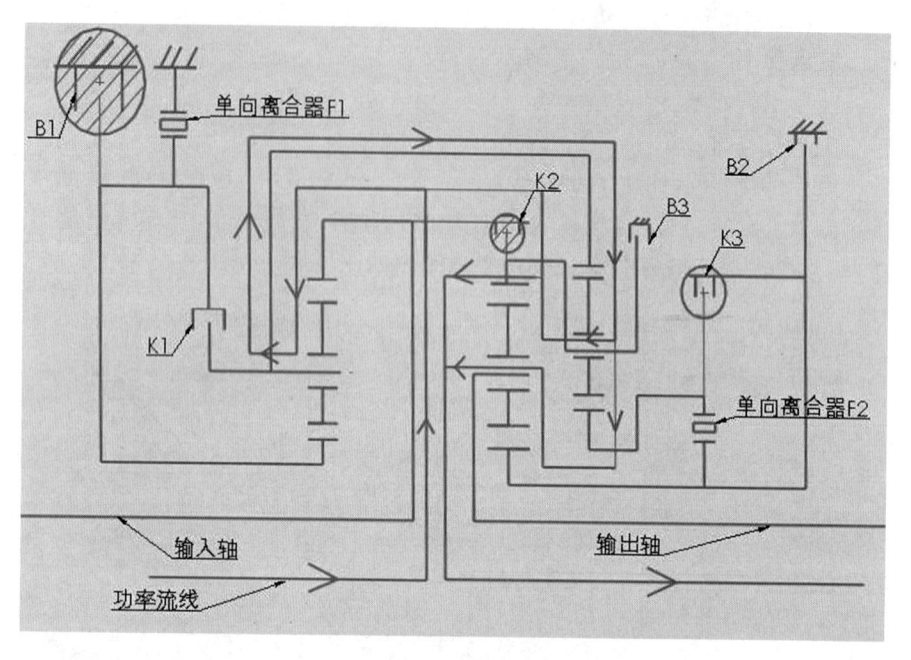

图 4-14　五挡时功率流线图

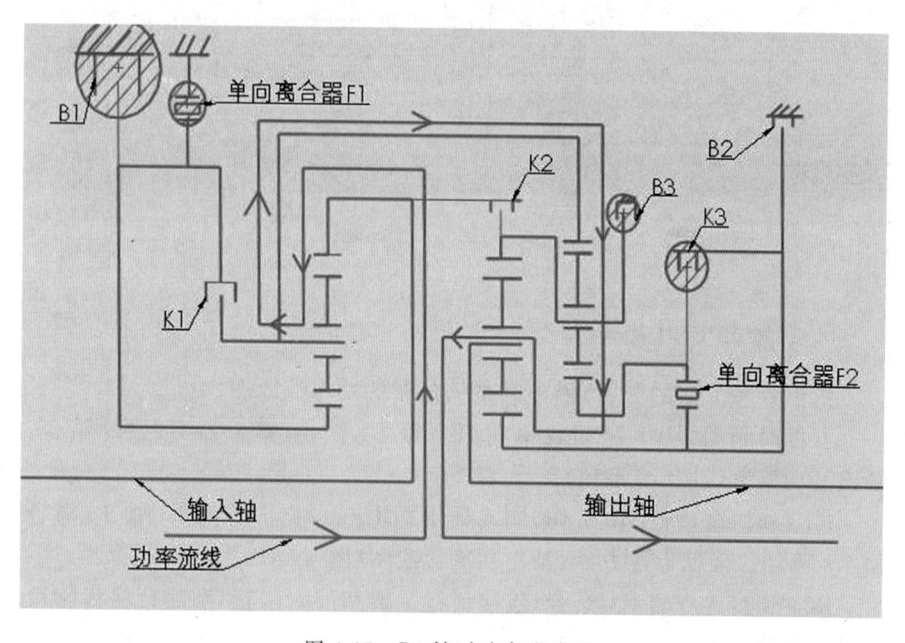

图 4-15　R1 挡时功率流线图

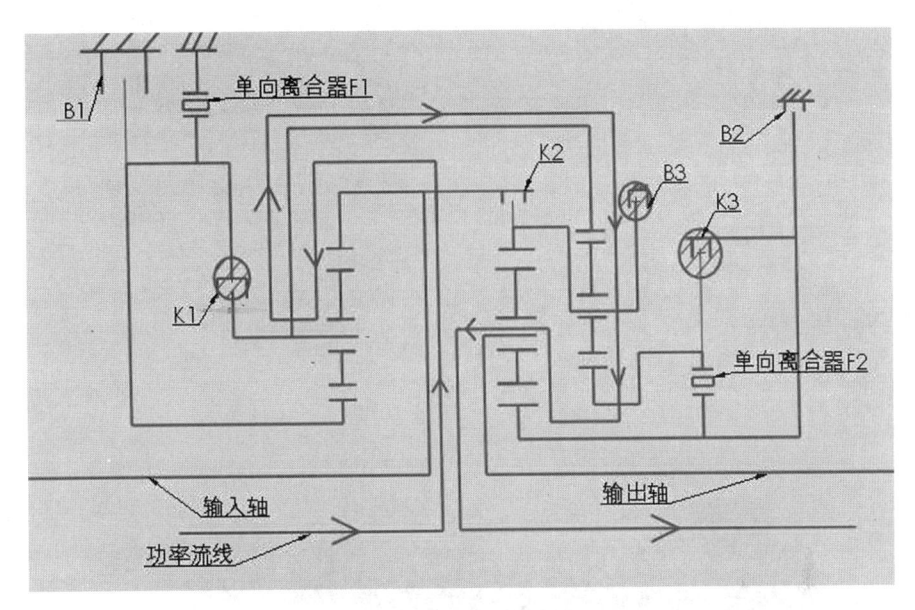

图 4-16　R2 挡时功率流线图

4.5　变速器三维建模

4.5.1　主要零件的建模

由于输出轴要输送比较大的转矩，所以半径比较大。据测量，画出零件如图 4-17 所示。

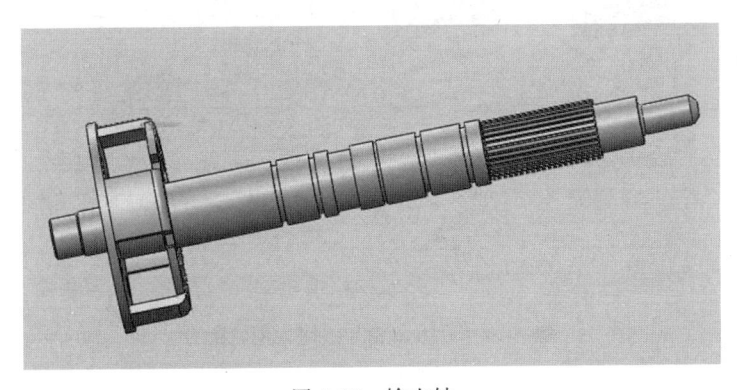

图 4-17　输出轴

后行星齿轮机构中的行星轮,如图 4-18 所示。

行星齿轮在机构中只起到介轮的作用,不作为执行元件。使之与输出轴行星架配合在一起,如图 4-19 所示。

后太阳轮与中间太阳轮通过轴承、单向离合器、垫片配合在一起,如图 4-20 所示。

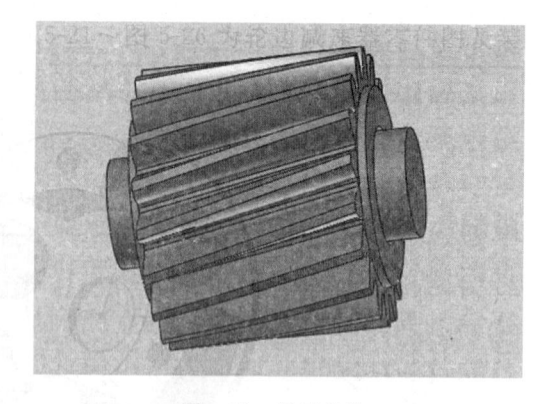

图 4-18 行星齿轮

图 4-19 输出轴与行星齿轮配合后

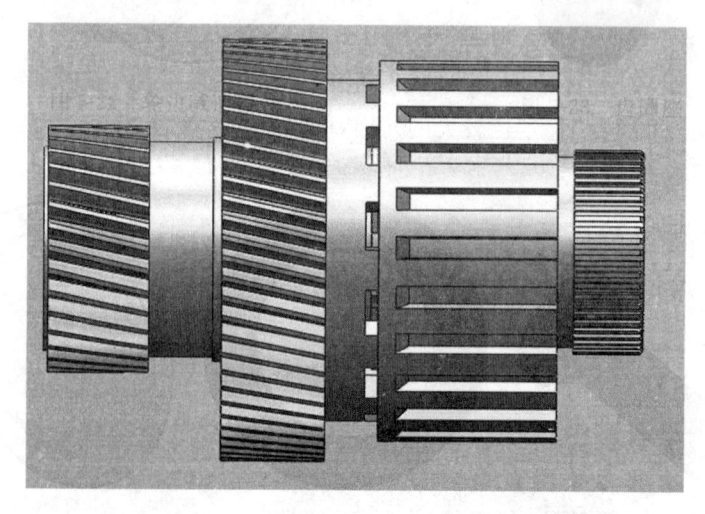

图 4-20 后太阳轮与中间太阳轮配合

后齿圈如图 4-21 所示。

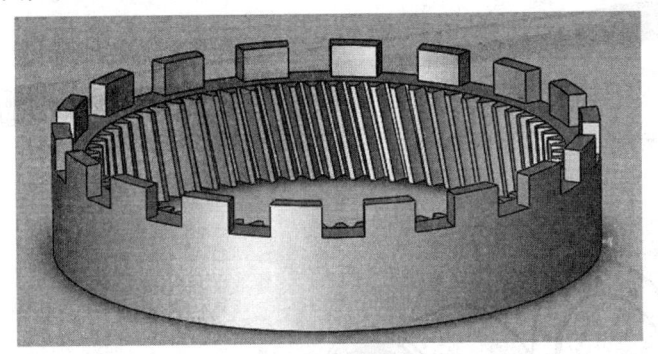

图 4-21 后齿圈

中间行星架和行星齿轮配合后,得到其装配图如图 4-22 所示。

图 4-22 中间行星架和行星齿轮配合后的行星齿轮

后齿圈通过卡簧与中间行星架配合固定在一起,如图 4-23 所示。

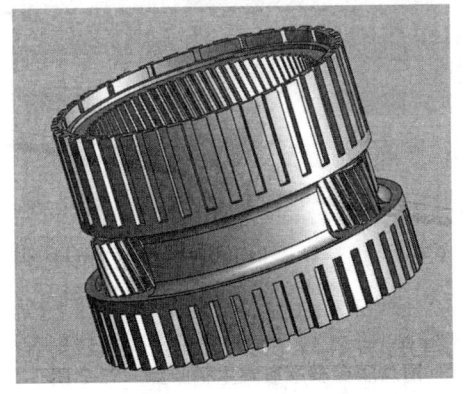

图 4-23 后齿圈与中间行星架配合固定在一起

输入轴连接动力输入,与液力变矩器相连,与前齿圈固定在一起,如图 4-24 所示。

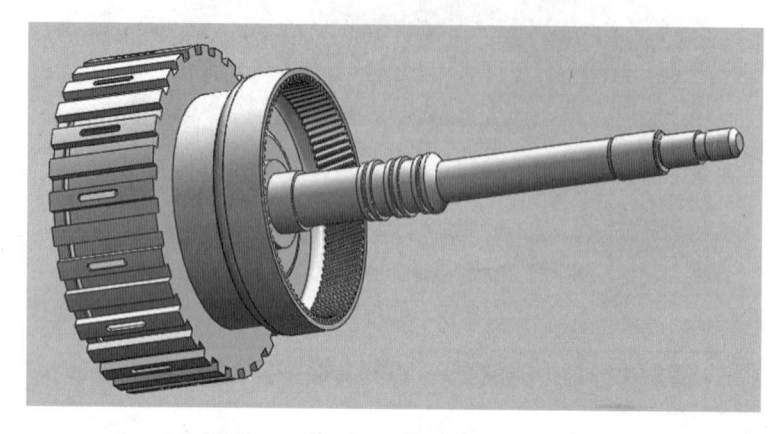

图 4-24　输入轴与前齿圈固定在一起

另一端,与多片摩擦片相配合,使用卡簧固定,组成前制动器,如图 4-25 所示。

图 4-25　配合摩擦片后的输入轴一端

前太阳轮与箱体测量,画出其三维图,如图 4-26 和图 4-27 所示。

前行星轮通过单独的行星架与之相连接,有 3 个行星轮和 3 个螺纹孔,如图 4-28 所示。

然后,使用六角头螺栓,通过螺纹孔使之与后齿圈/外壳配合固定在一起。各个零件如图 4-29、图 4-30、图 4-31 所示。

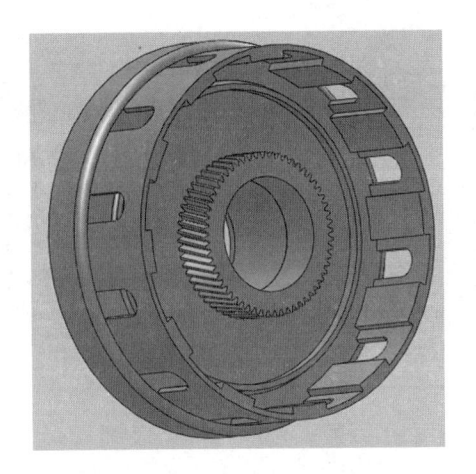

第 4 章 液力机械式自动变速器设计

图 4-26 前太阳轮一端的箱体

图 4-27 箱体的另一侧

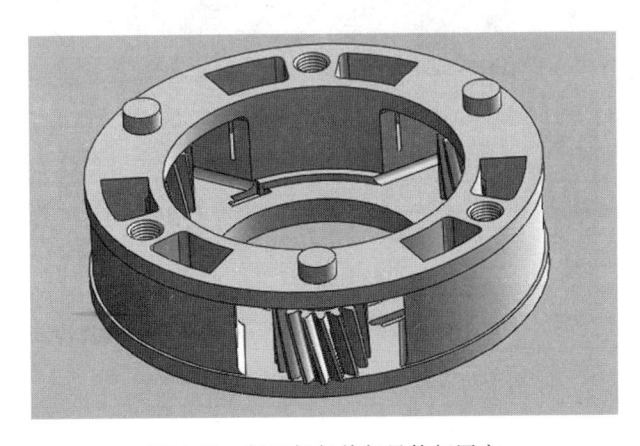

图 4-28 行星架与前行星轮相固定

图 4-29 六角头螺栓

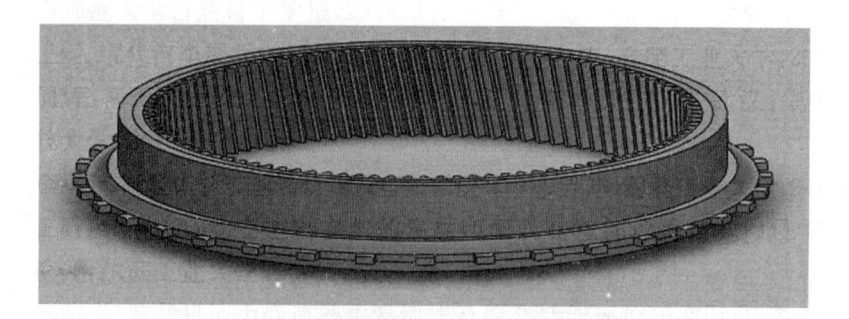

图 4-30 后齿圈

图 4-31 后齿圈与外壳配合后的装配图

多片摩擦片的离合器如图 4-32 所示。

图 4-32　多片摩擦片的离合器

各个离合片如图 4-33 所示。

图 4-33　离合片

输出轴与后行星排机构、中间行星架、中间太阳轮、行星轮相互齿轮配合,其装配图如图 4-34 所示。

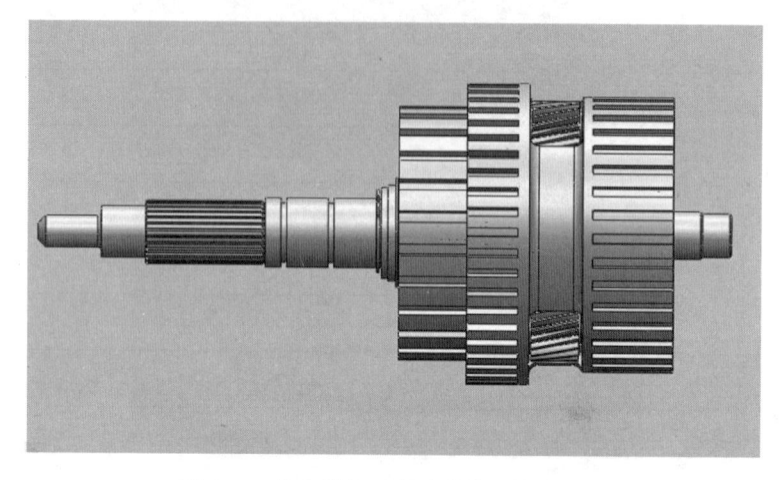

图 4-34 输出轴与后行星排等机构装配图

配合过程使用到的卡簧、垫片、轴承等,如图 4-35 所示。

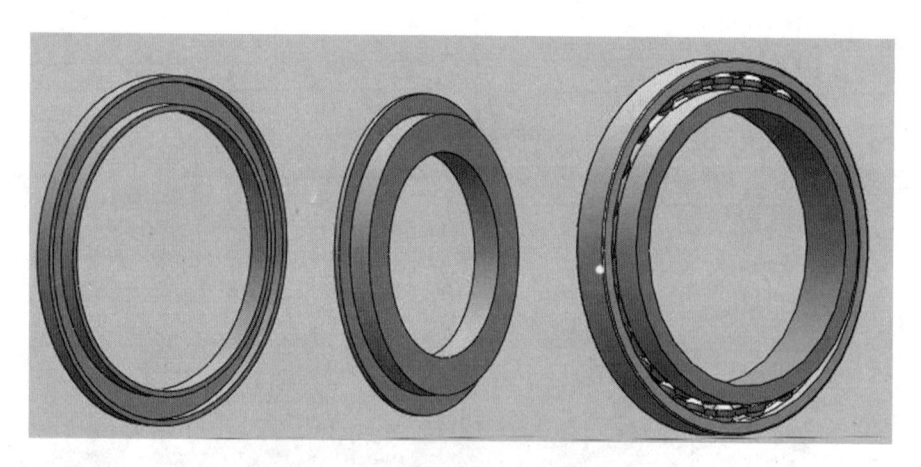

图 4-35 轴承、垫片、卡簧等零件

配合过程中,大多使用卡簧,为弹性元件,如图 4-36 所示。
所有零件组装在一起后的装配图如图 4-37 所示。
分开后的爆炸图如图 4-38 所示。

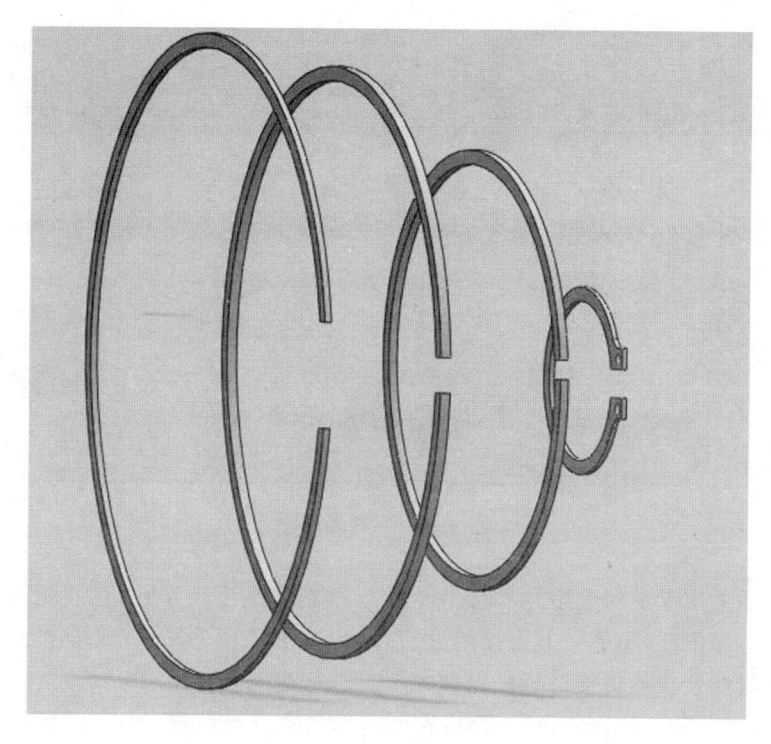

图 4-36 卡簧弹性元件

图 4-37 总装配图

4.5.2 齿轮精确建模

已知：太阳轮的齿数为 34，模数为 1.5，齿轮厚度为 23mm，螺旋方向为右旋，压力角 $\alpha=20°$，压力角 $\beta=15°$，轴孔直径为 35mm。

行星轮的齿数为 34，模数为 1.5，齿轮厚度为 25mm，螺旋方向为左旋，压力角 $\alpha=20°$，压力角 $\beta=15°$，轴孔直径为 20mm。

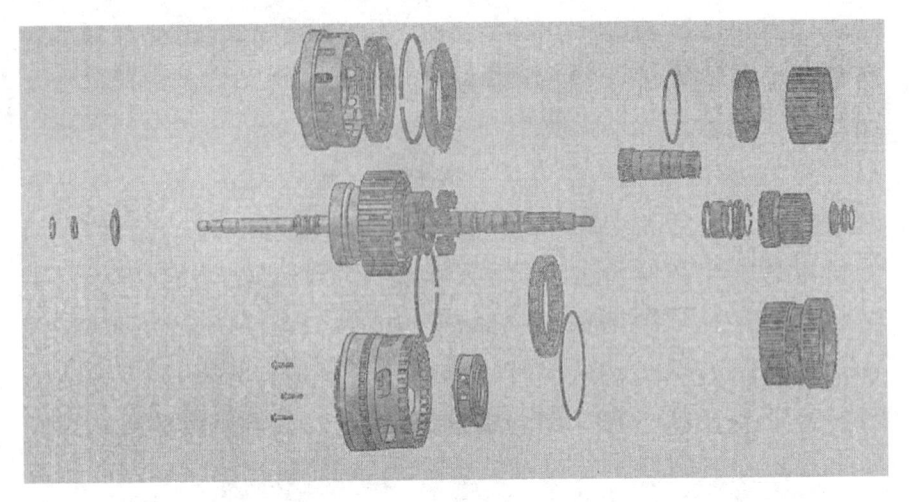

图 4-38 零件爆炸图

如果用手工对太阳轮和行星轮进行绘制容易出现误差,在装配的时候容易出现干涉,不能对其做接触分析,所以本书采用 GearTrax 自带的绘制齿轮与配合功能直接对行星轮和太阳轮进行建模和装配。

①打开 GearTrax,对两个齿轮的基本参数进行设置,如图 4-39 所示。

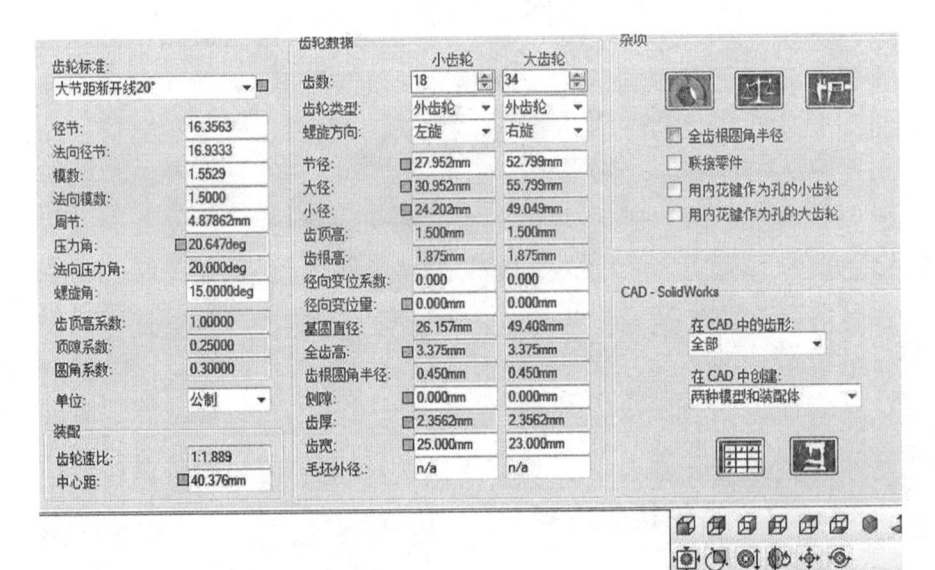

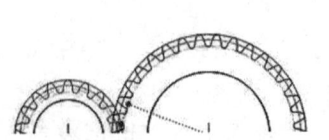

图 4-39 GearTrax 基本参数设置图

②通过 GearTrax 打开 SolidWorks,对齿轮自动进行绘制,绘制完成后自动对齿轮进行装配,装配完成后如图 4-40 所示。

图 4-40 装配齿轮完成图

4.6 行星架和齿轮的有限元分析

1. 行星架总成的力学分析

如图 4-41 所示为某标准功率奔驰 722.6 变速箱的一挡中间排行星架,该变速器的最大输入转矩为 580N·m,由以上计算可知,中间排行星架的基本元件的转矩最大,所以选择分析中间排行星架。该行星排中行星架的转矩为 2263.624N·m,太阳轮的转矩为 875.8N·m。一挡时,发动机输出动力传递输出轴,输出轴将动力依次经过前排行星架和后排行星架减速后传递给中间排齿圈,中间排齿圈将动力传给中间排行星架,但是由于太阳轮被锁死,所以太阳轮有旋转的趋势,经过行星轮的齿轮啮合力后具有一定的转矩。

2. 行星架运动受力分析

图 4-42 为单排行星齿轮机一个行星轮时的受力分析。

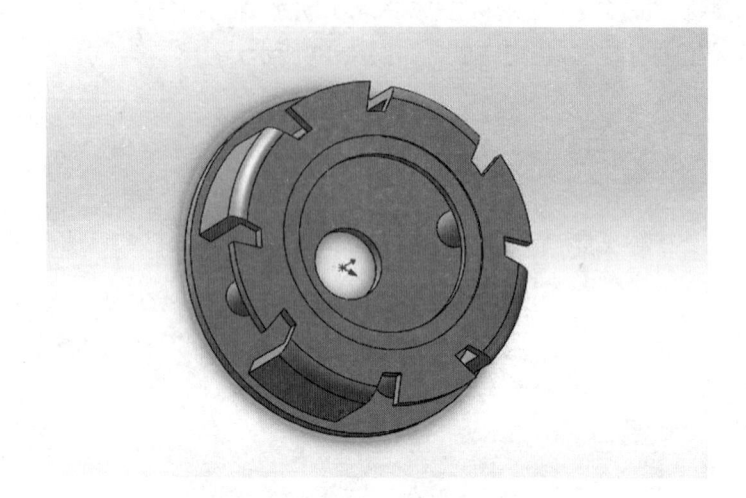

图 4-41　一挡中间排行星架基本模型图

作用于中心轮 1 上的力矩：$M_1 = F_1 r_1$
作用于齿圈 2 上的力矩：$M_2 = F_2 r_2$
作用于行星架 3 上的力矩：$M_3 = F_3 r_3$

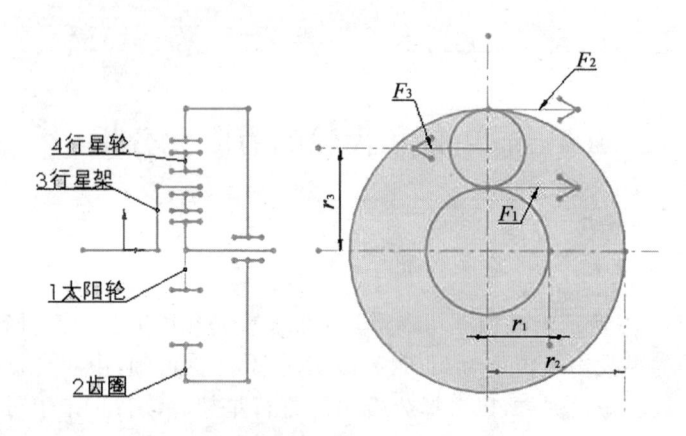

图 4-42　单排行星齿轮受力分析图

齿圈与太阳轮的齿数比为 α，即：$\alpha = \dfrac{z_2}{z_1} = \dfrac{r_2}{r_1}$

因为 $r_2 = \alpha r_1$，所以：

$$r_3 = \frac{r_1 + r_2}{2} = \frac{1+\alpha}{2} r_1$$

式中，r_1 为中心轮分度圆半径，r_2 为齿圈的分度圆半径；r_3 为太阳轮和行星轮的中心距。可得：$F_1=F_2$，$F_3=-2F_1$。

所以，作用在中心轮、齿圈和行星架上的转矩为：
$$M_1=F_1r_1$$
$$M_2=\alpha F_1r_1$$
$$M_2=-(1+\alpha)F_1r_1$$

因为行星架的总转矩为 2263.624N·m，这个行星架上共有四个行星轮，所以每个行星轮给行星架的转矩：$M_3=\dfrac{2263.624}{4}=565.906\text{N}\cdot\text{m}$。已知 $r_3=40\text{mm}$，所以：
$$F_3=\frac{M_3}{r_3}=\frac{565.906}{0.04}=14148\text{N}$$

因此行星轮给行星架的力为 14148N。

4.6.1 行星架的 ANSYS Workbench 有限元分析

受力部位主要在行星齿轮轴上和行星架以及变速箱轴连接的轴孔处，所以只计算行星轮轴上和输出轴的轴颈处的强度是否满足使用要求，不计算其他因素对行星架作用的荷载。用 Workbench 对行星架及齿轮进行有限元分析，主要分为两个阶段：前处理阶段和后处理阶段。前处理阶段主要包括给分析部件定义材料属性，划分网格，设置接触关系，给受力部件施加荷载和约束，添加结果分析，求解；后处理阶段主要包括对求出来的解进行查看与分析等。

1. 导入几何模型

①打开 ANSYS Workbench 17.0 后，打开 Project page（项目页），然后单击 Units，在 Units 菜单中确定：项目单位设置为 kg 和 m 等，单位主要和材料的密度等特性有关系，和导入的行星架模型没有太大的关系。

②选择 `Toolbox`，在众多的模型中单击 `Static Structural`，建立一个静力学分析系统。然后把要分析的行星架模型导入这个系统中，在 Geometry 项目中单击右键选择 Import Geometry，选择导入"xing xing jia mo xing.x_t"（该文件是由 SolidWorks 画的三维行星架模型，经过格式转换后得到的）。模型导入成功后双击 Model，打开 Mechanical Application（机械工程应用）。

③模型往往需要一定的时间才能打开，主要受计算机的配置所影响。当 Mechanical Application 完全被打开，行星架模型刷新出来以后，单击上

面 , Mechanical Application Wizard(机械程序应用向导)将会在 Mechanical Application 显示出来,如图4-43所示。

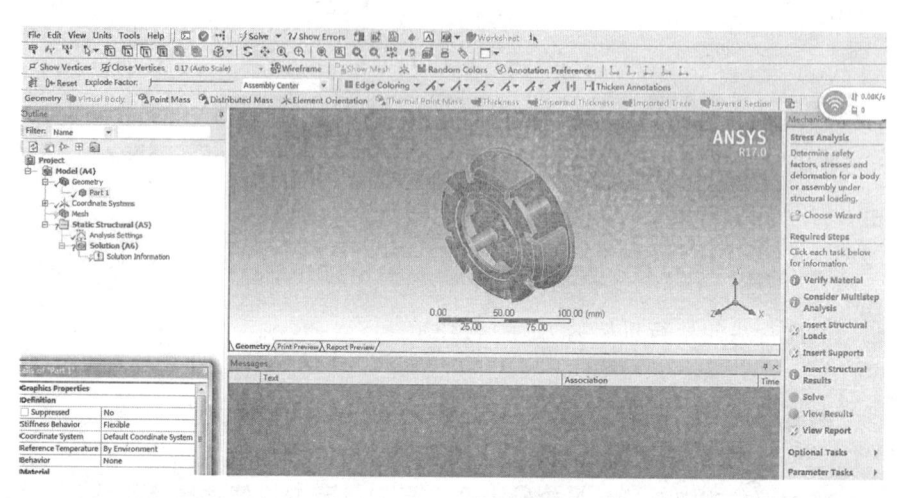

图 4-43　行星架导入模型图

2. 设置单位系统

进入 Mechanical Application 后在主菜单中选择 Units ,然后选择单位为 mm、kg、N 等,这个主要与行星架的参数单位有关,因为在行星架的建模中单位为 mm,所以把单位设置成 mm、kg 等。

3. 设置材料属性

根据弹性力学的基本假设,对于平面应力问题和平面应变问题有:
$$应力向量 = 平面弹性矩阵 \times 应变向量$$
平面弹性矩阵只与材料的杨氏模量 E 和 μ 有关。

在静力学分析的过程中,力一般与物体的质量和结构有关,所以需要为材料添加密度这个主要参数。因此静力学分析需要定义密度、弹性模量、泊松比、屈服强度以及抗拉强度等主要参数。

该行星架的材料选用 20CrMnTi,弹性模量为 $2.12 \times 10^{11} \mathrm{N/m}$,泊松比为 0.289,密度为 $780 \mathrm{kg/m^3}$,屈服抗拉强度为 835MPa,屈服抗压强度为 835MPa,抗拉极限强度为 1080MPa,安全系数选择 1.5,所以许用应力为 557MPa。行星架细节信息图如图 4-44 所示。

在 Mechanical Wizard 单击"Verify Material",在 Details of "part1"中

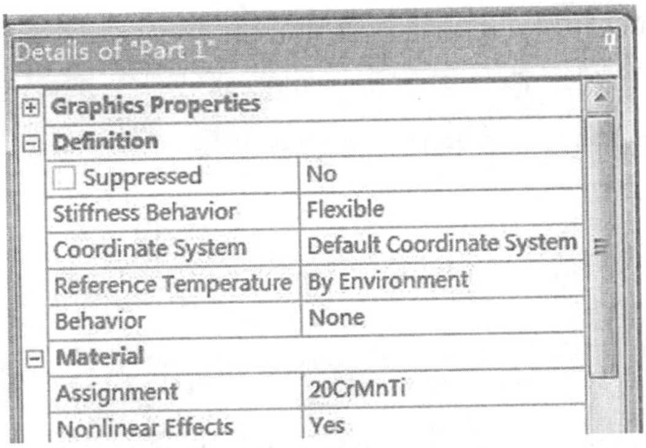

图 4-44　行星架细节信息图

单击 Material 下面 Structural Sreel 后面的 ▣，选择 New Material，在弹出一个框后单击 OK 按钮，进入 Engineering Data，在模型库里添加一个新的材料，如图 4-45 所示。在弹出的界面中鼠标左键单击"Click here to add a new material"，对材料进行编辑，然后在其中输入 20CrMnTi，分别双击左边 Toolbox 下的 Density、Isotropic Elasticity 和 Strength 下的 Tensile Yield Strength、Compressive Yield Strength、Tensile Ultimate Strength，出现如图 4-45 所示的材料参数对话框，然后在相应的选项里面填上密度、弹性模量、泊松比和拉伸屈服强度、抗拉屈服强度、抗拉极限强度的值。用鼠标选择 ▣ 回到 Project 窗口，单击 Model，选择 Refresh 重新更新下 Model。回到 Mechanical Application 界面，重新选择 Mechanical Wizard，用鼠标左键单击 Verify Material，在 Detiails of"part1"中单击 Material 下面 Structural Steel 后面的 ▣ 选择左，可以看到里面有刚才添加的 20CrMnTi 材料，选择 20CrMnTi，这样行星架的材料就重新从结构钢变成了 20CrMnTi，如图 4-45 所示。

4. 网格划分

因为本系统具有自己划分网格功能，当打开模型后，系统将以一种默认方式为其模型划分网格，先把网格刷新出来，查看网格的划分情况。在树形图中选择 Mesh，右键选择 Generate Mesh 对网格进行划分，划分过程中需要一定的时间，当划分单元结束，如图 4-46 所示，可以在划分网格的详细信息中查看划分结果，可以看到 Mesh 中的统计量（Statistics）是 2394 Elements（单元），就是说行星架被划分了 2394 个单元。在模型上可以看出来网格偏大,所以要划分更细密的网格,只有划分更细的网格才能保证最终计算的精度。在细节信息中单击 Sizing,将 Relevance Center 后面变成 Fine,划分更细的网格。在树形图上找到并用鼠标左键单击 Mesh,选择 Generate Mesh,重新对行星架进行网格划分,划分完结果如图 4-47 所示,单元数目变成 18922。

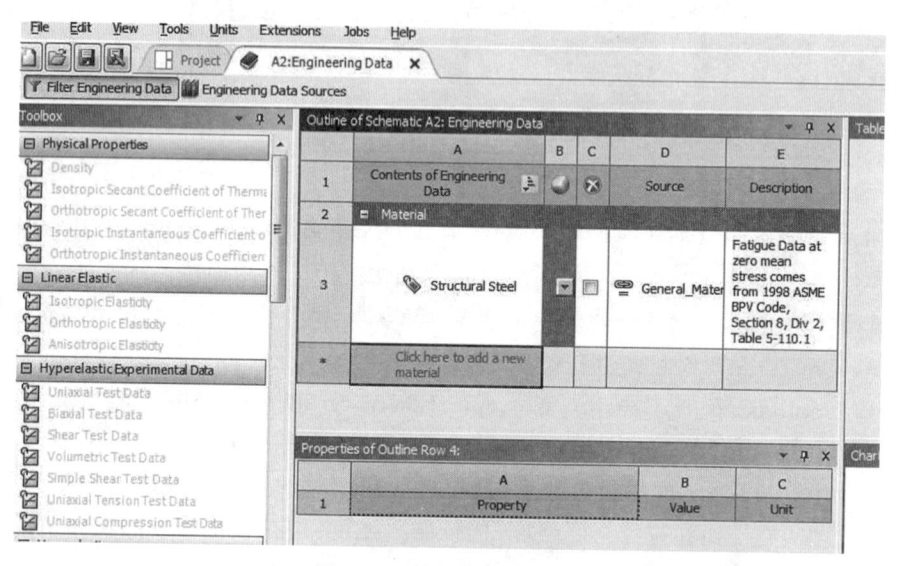

图 4-45　材料参数设置图

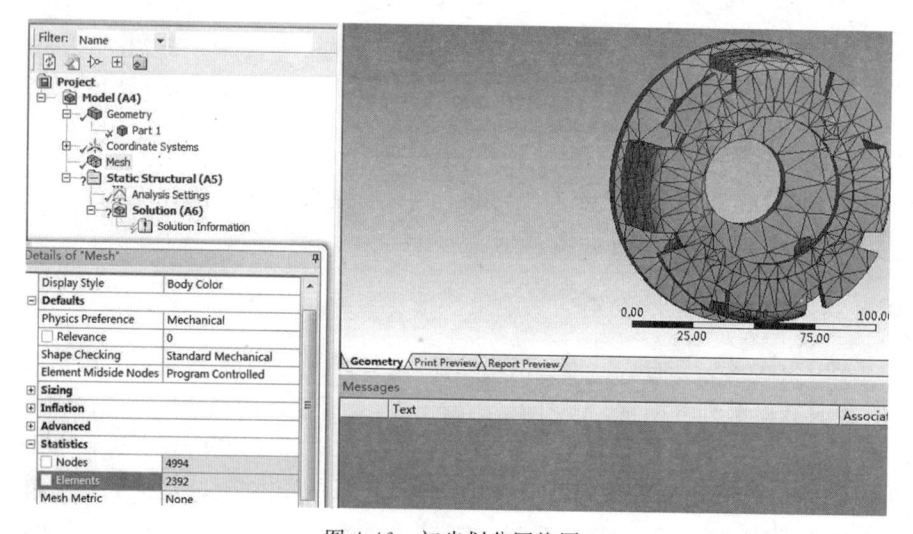

图 4-46　初步划分网格图

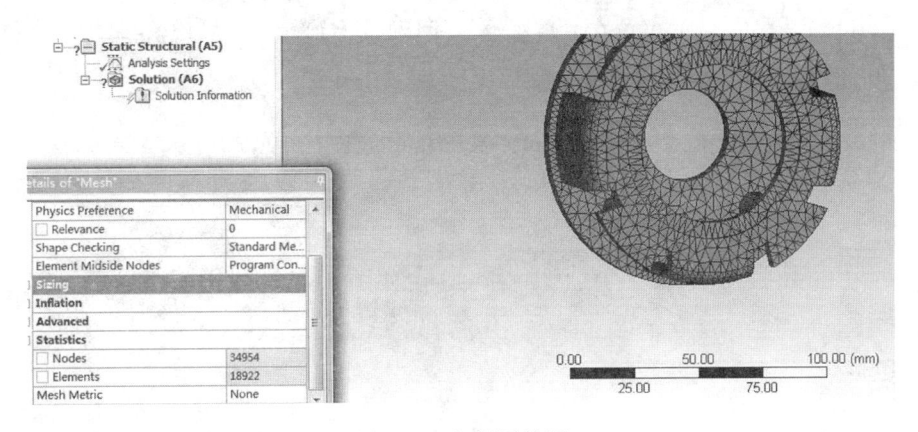

第 4 章　液力机械式自动变速器设计

图 4-47　细划网格图

5. 施加荷载和约束

给行星架施加约束：在 Mechanical Wizard 中单击 Insert Supports 单击 Supports 选择 Cylindrical Support（圆柱面约束），选择行星架的轴孔，如图 4-48 所示。轴向、径向、切向都保持默认为 Fixed（固定的）。

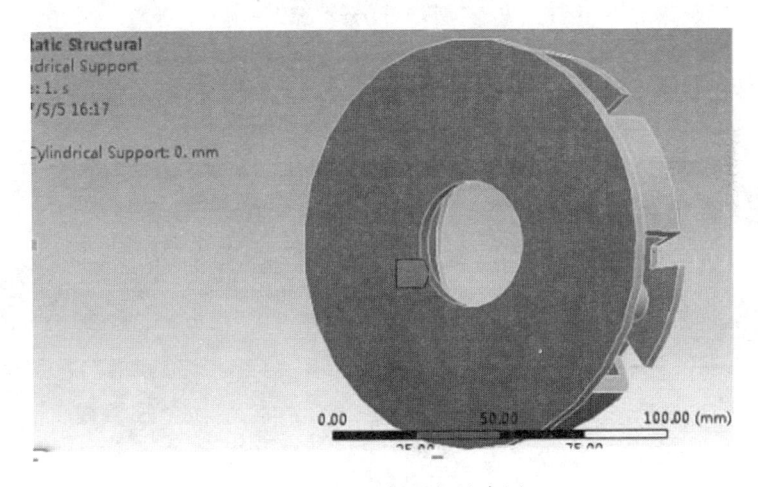

图 4-48　行星架添加约束图

①给第一个行星架轮轴施加荷载：在 Mechanical Wizard 中单击 Insert Structural Loads 按钮，然后单击 Loads ，选择 Bearing Load（轴承荷载），选择一个行星架轮轴，将 Detail of "Bearing Load" 中 Definition 中的

Define By 改为 Components，指定 Y 方向的轴承荷载为 14148N，如图4-49 所示。

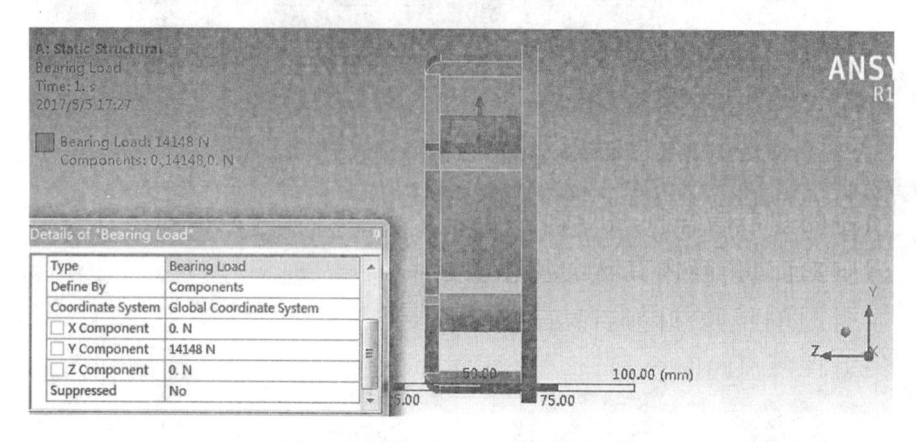

图 4-49　第一个行星轮轴施加荷载

②给第二个行星轮轴施加荷载：由于轴承力的方向是周向的，所以要转换成直角坐标。第二个行星轮轴与第一个行星轮轴成 90°，所以在直角坐标系中：

$$F_y = 14148\cos 90° = 0\text{N}$$
$$F_x = 14148\sin 90° = 14148\text{N}$$

所以 Y 坐标方向的力为 0，X 轴方向的力为 14148N，如图 4-50 所示。

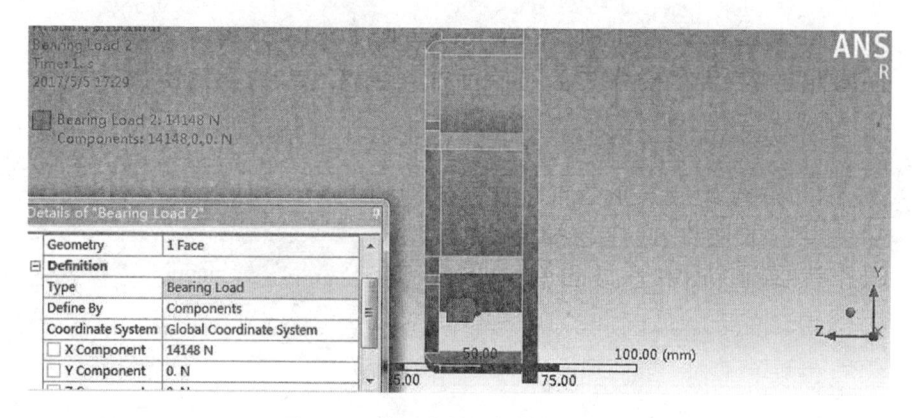

图 4-50　第二个行星轮轴施加荷载

③给第三个行星轮轴施加荷载：第三个轮轴与第一个轮轴成 180°，所以在直角坐标系中：

$$F_y = 1414.8\cos180° = -14148\text{N}$$
$$F_x = 14148\sin90° = 0\text{N}$$

所以 Y 坐标方向的力为-14148N,X 轴方向的力为 0,如图 4-51 所示。

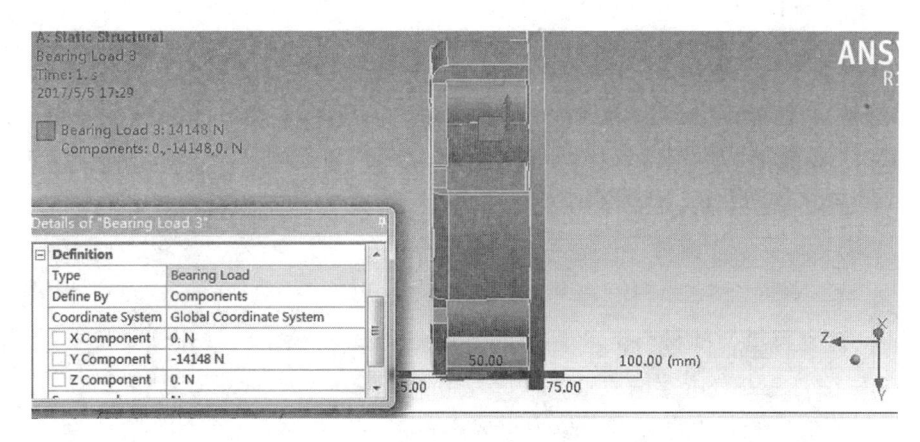

图 4-51 第三个行星轮轴施加荷载

④给第四个行星轮轴施加荷载:第四个轮轴与第一个轮轴成 270°,所以在直角坐标系中:

$$F_y = 14148\cos270° = 0$$
$$F_x = 14148\sin270° = -14148\text{N}$$

所以 Y 轴方向的力为 0,X 轴方向的力为 14148N,如图 4-52 所示。

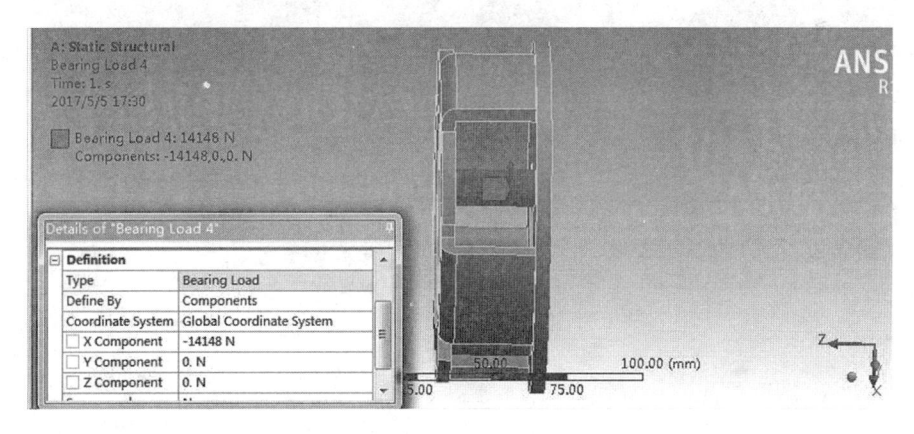

图 4-52 第四个行星轮轴施加荷载

6. 插入结构结果

在 Mechanical Wizard 中要求：插入 Structural Results（结构结果）（提示使用 Solution toolbar）。

选择 Stress＞Equivalent（von-Mises）、Maximum Principal Stress、Minimum Principal Stress。

选择 Strain＞Equivalent(von-Mises)。

选择在 Wizard 中选择 Solve，按照提示单击 Solve 。

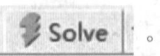

7. 结果分析

这个行星架的材料是 20CrMnTi，屈服强度大小为 835MPa，取安全系数为 1.5，本书有限元静力计算的应力结果采用 Von Mises 应力，所以计算出来的行星架各节点的等效应力不应大于 557MPa。分析结果如图 4-53 所示，由云图可知，行星架所承受的最大应力为 361.08MPa，最大应变出现在行星架轮轴上，与许用应力 557MPa 相比，远远不够，因此可靠性满足工作需求，并且余量很大。

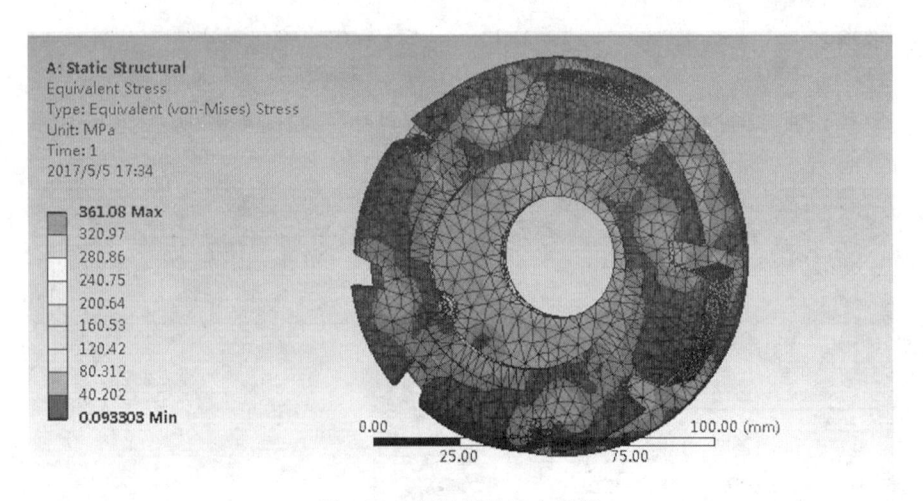

图 4-53　行星架的应力云图

由应变图（图 4-54）可以看出，行星架的最大变形处为行星轮的轴上，最大变形为 0.0021023mm/mm。

变形结果放大 160 倍如图 4-55 所示。

另附树形图，如图 4-56 所示。

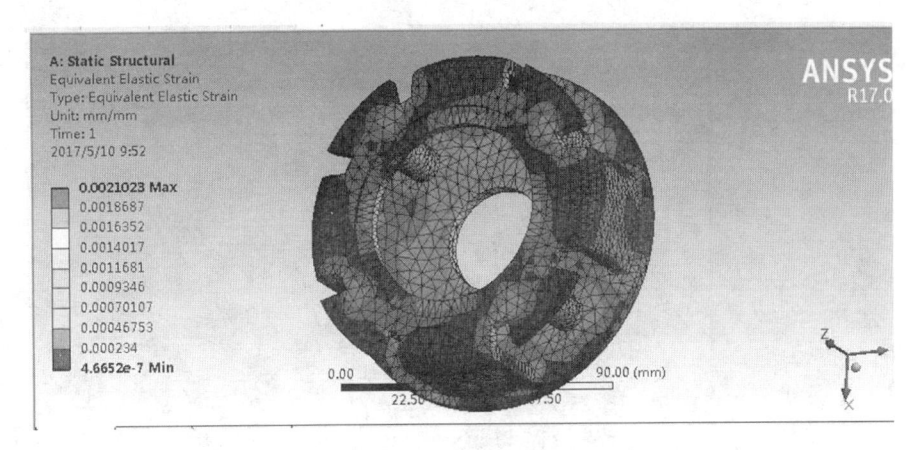

第 4 章 液力机械式自动变速器设计

图 4-54 行星架的应变云图

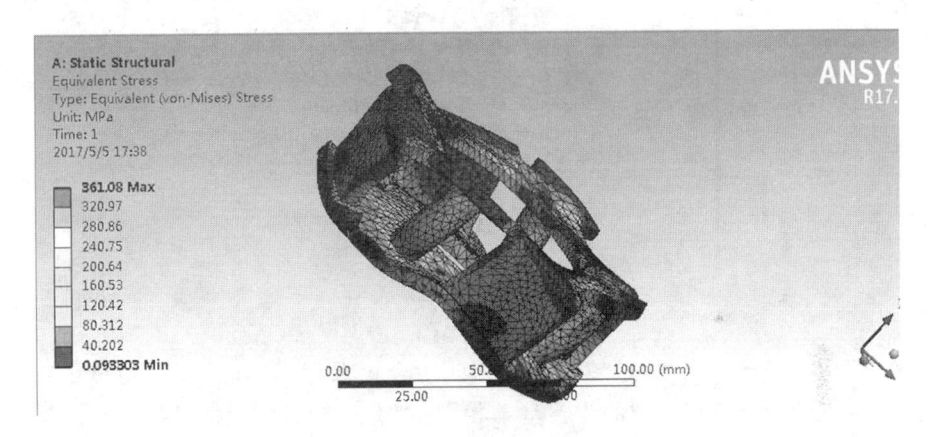

图 4-55 行星架的放大倍数云图

4.6.2 太阳轮、行星轮的接触分析

当一对齿轮相互啮合时,两个齿轮会出切接触,在传动过程中,齿轮接触的地方会有应力和应变。行星架齿轮传动过程中,由于形状和结构的因素,齿轮会承受很大的荷载,如果齿轮损坏,那么整个动力传递系统都不能正常工作,所以行星架齿轮在工作过程中,一定要保证齿轮工作的可靠性。

当太阳轮和行星轮啮合的时候,两个齿啮合的节点处的接触应力几乎接近最大值。为了简化分析模型,不考虑行星架变形和其他的非确定因素对行星轮造成的影响。本书用 SolidWorks 对太阳轮和行星轮分别绘制并

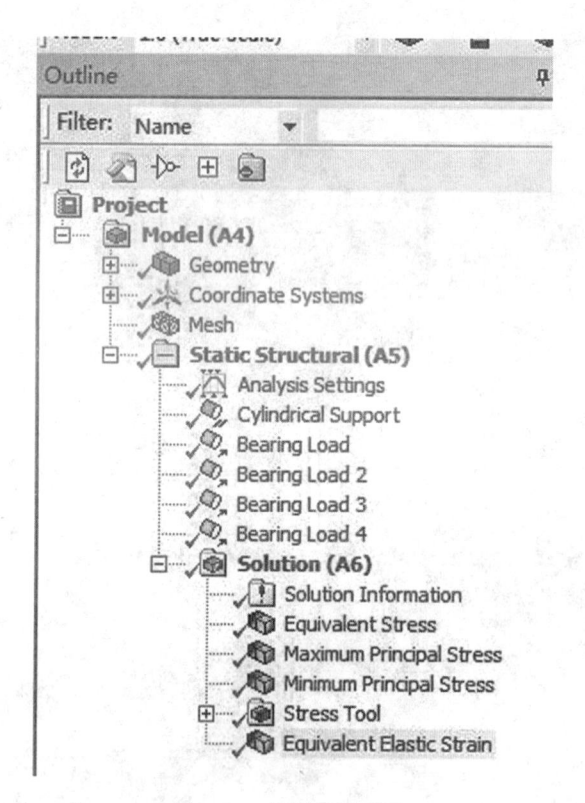

图 4-56　行星架树形图

按照规定进行装配,通过装配使其相互啮合再保存为.xt格式。用该系统分析齿轮和分析行星架的步骤基本相同,都有设置材料属性、网格划分、施加荷载和边界条件、求解、查看分析结果等,不同的地方是齿轮分析包括识别接触分析。

1. 导入几何模型

在 SolidWorks 中建立的装配齿轮啮合一定不能出现装配的干涉,经过格式转换,转换为.xt格式,再导入 ANSYS Workbench 17.0 中,并且与 Geometry 建立关联。在建立的静力学分析系统中双击 Model,打开 Mechanical Application,当 Mechanical Application 完全打开刷新出来后,单击上面 ✓ ,Mechanical Application Wizard 将会在应用中显示出来,如图 4-57 所示。

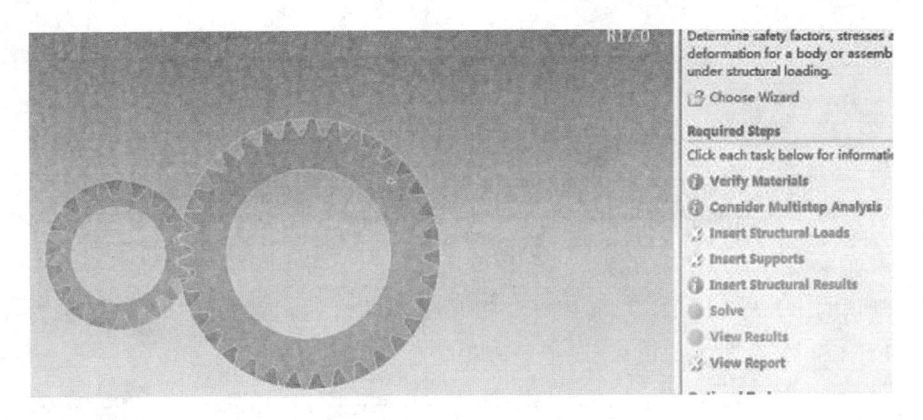

第 4 章 液力机械式自动变速器设计

图 4-57 齿轮导入模型图

2. 设置材料属性

太阳轮和行星轮的材料全部和行星架一样，都采用 20CrMnTi。和上文分析行星架时设置材料属性相同，分别添加密度、弹性模量、泊松比、抗拉屈服强度、抗压屈服强度和抗拉极限强度等基本材料属性，如图 4-58 所示，再返回 Project 窗口，在模型中单击 Refresh，重新刷新 Mechanical Application，然后分别将两个齿轮的材料换为 20CrMnTi。

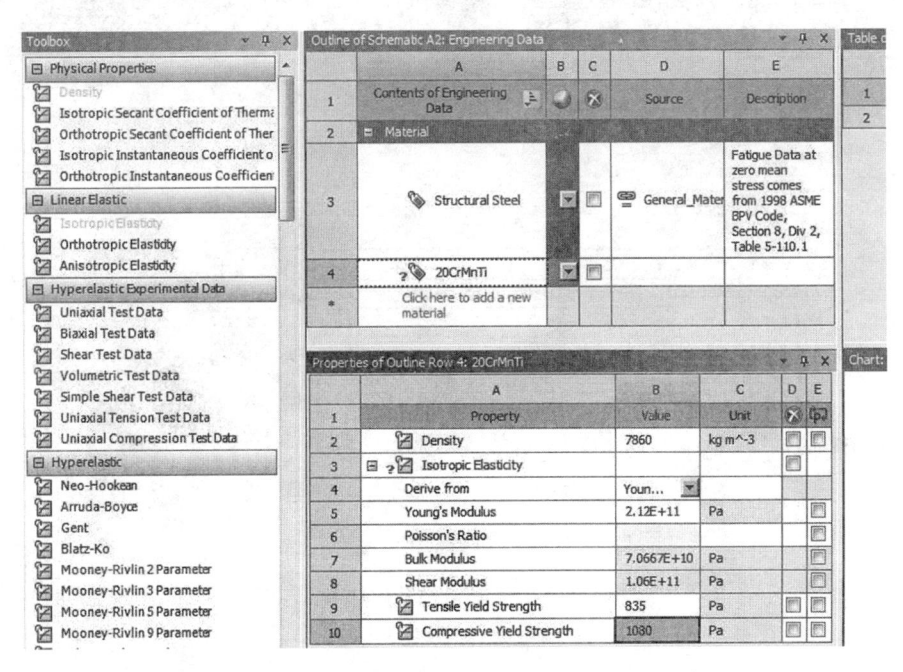

图 4-58 材料基本参数设置图

3. 定义接触

将一对啮合的齿轮导入 Workbench 中,Workbench 对齿轮自动识别接触,应该先查看接触的齿和齿面。

单击树形图的 Model 下面的 Connections Contacts Contact Region,接触面及类型都被显现出来,如图 4-59 所示。可以看出齿轮的接触类型系统默认为 Bonded 接触,实际上两个相互啮合的齿轮,齿与齿之间的接触为 Frictional(有摩擦约束)。设定该齿轮啮合之间的摩擦系数为 0.03。

改变接触类型:在 Details of Contact Region 中,把 Type 设为 Frictional,并将摩擦系数设定为 0.03,如图 4-60 所示。

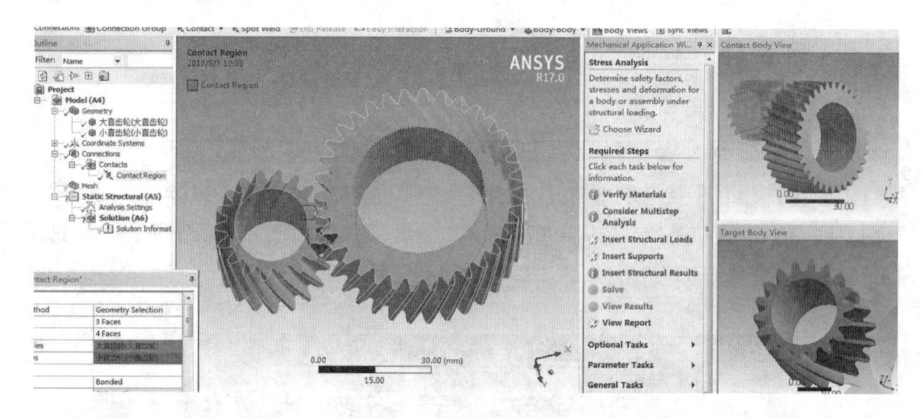

图 4-59 齿轮接触分析图

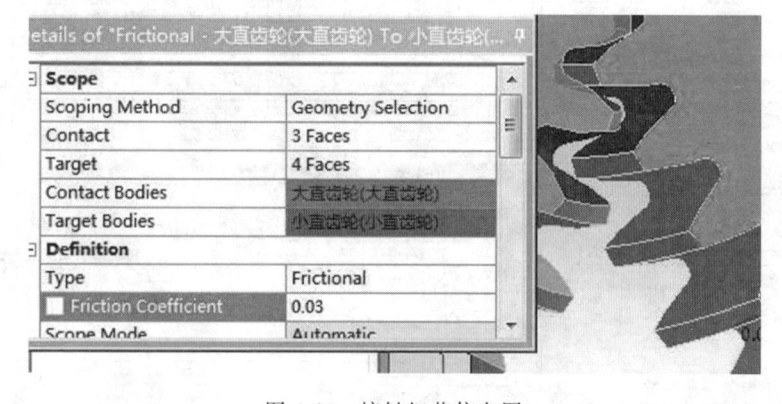

图 4-60 接触细节信息图

4. 网格划分

用与行星架相同的方法对太阳轮和行星轮划分更细的网格,如图4-61所示。

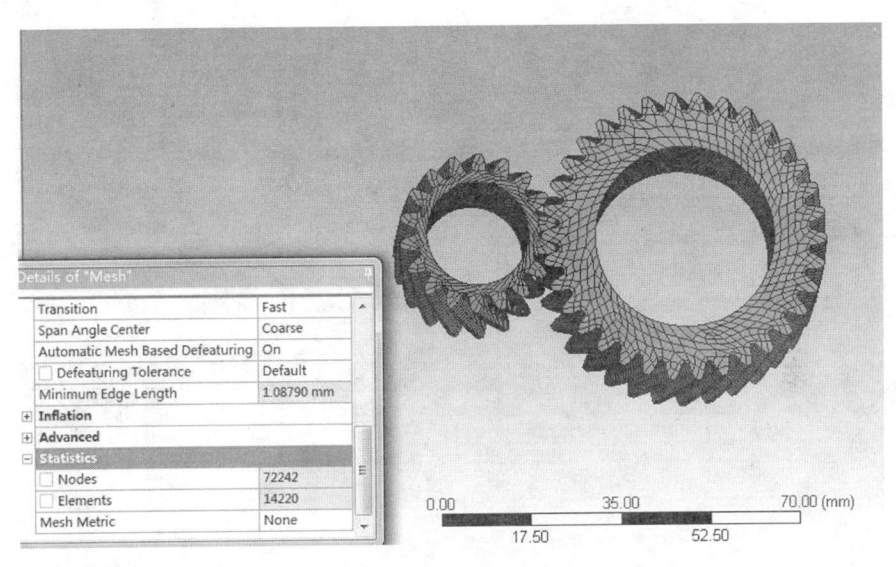

图4-61 齿轮细划网格图

5. 施加荷载和约束

在变速箱一挡工作时,该行星架的动力传递路线是:齿圈将动力传给行星轮,行星轮将转矩传递给行星架和太阳轮,所以行星轮为主动轮,太阳轮为从动轮。但是经过计算只能知道太阳轮的转矩,不知道行星轮的转矩,太阳轮的转矩是由行星轮给太阳轮施加的力形成的,根据相互作用力与反作用力,行星轮对太阳轮施加的力和太阳轮对行星轮施加的力相同,所以采用逆向思维,可以固定行星轮,对太阳轮施加一扭矩,让力通过太阳轮传递给行星轮。

施加约束:对行星轮进行圆周约束,限制径向、轴向以及周向的自由度,使其完全被固定,对太阳轮也施加圆周约束,但是只限制径向和轴向的自由度,使其能绕轴做旋转运动。单击 Mechanical Application Wizard 中的 Insert Supports,再单击 Supports 选择 Cylindrical Support(圆周约束),然后选中行星轮的轴孔面,约束详细信息径向、轴向和周向都保持默认

Fixed(固定的),如图 4-62 所示,单击 Apply 按钮。用同样的方法再施加一个圆周约束,这次选择太阳轮的轴孔面,不过约束的详细信息中 Tangential 变为 Free(自由的),如图 4-63 所示,然后单击 Apply 按钮。

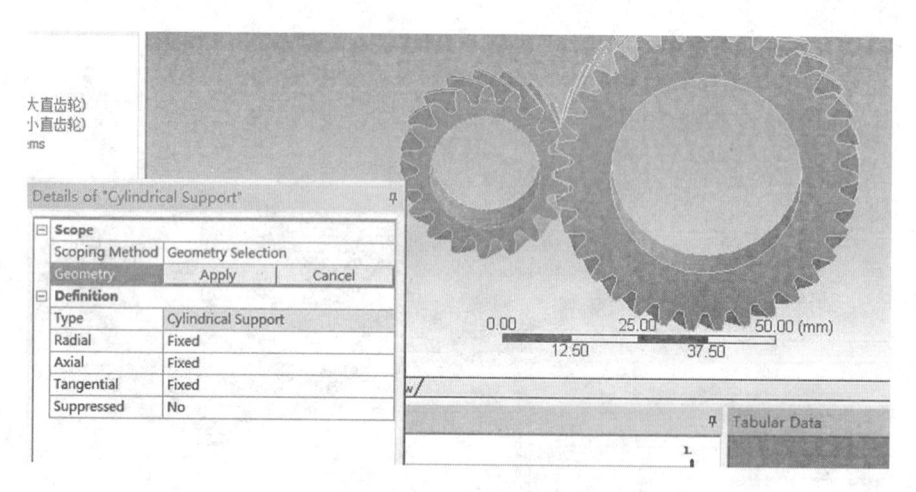

图 4-62 行星轮施加约束图

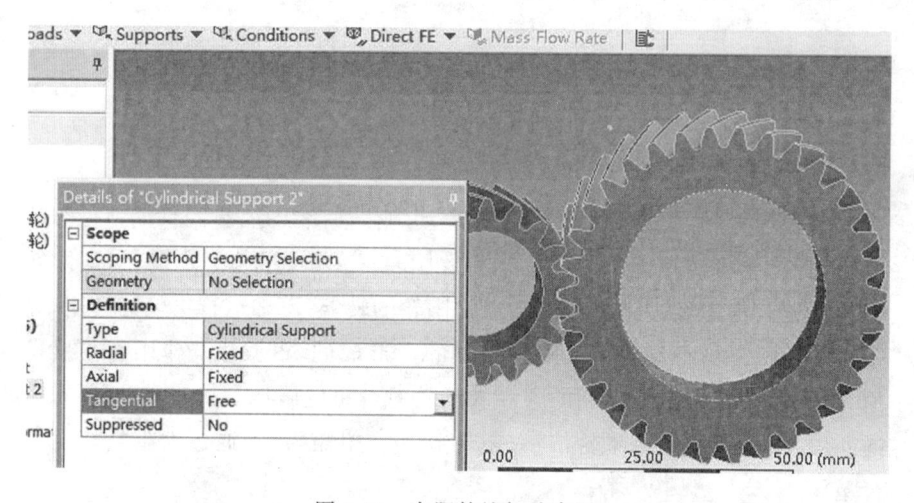

图 4-63 太阳轮施加约束图

施加荷载:对太阳轮和行星轮施加完约束后,对其施加荷载。通过前面的分析,固定行星轮对太阳轮施加一个扭矩,经前面计算太阳轮的转矩为 875.8N·m,在行星架工作情况下,有四个行星轮同时与太阳轮相互配合,所以每个行星轮与太阳轮啮合时,太阳轮的转矩为 219N·m。在

Mechanical Application Wizard 用鼠标单击 Insert Structural Loads 再单击 Loads，选择 Moment（力矩），选择太阳轮的轴孔面，单击 Apply 按钮，转矩的大小为 219N·m，如图 4-64 所示，按回车键。

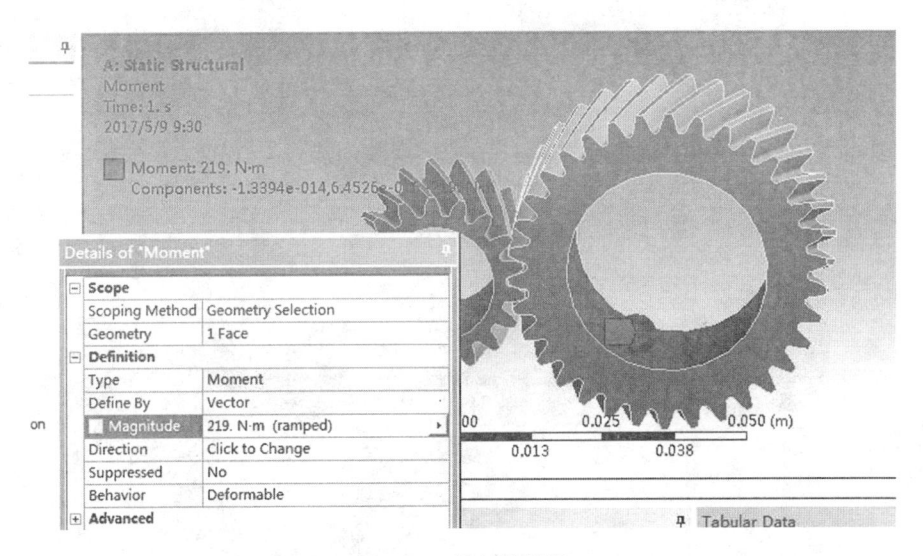

图 4-64　施加转矩图

6. 插入结构结果

在 Mechanical Wizard 中要求：插入 Structural Results（结构结果）。

选择 Stress＞Equivalent（von-Mises）、Maximum Principal Stress、Minimum Principal Stress。

选择 Strain＞Equivalent（von-Mises）。

在 Wizard 中选择 Solve，按照提示单击 Solve 进行结果计算。

7. 结果分析

由应力图可以看出来，当太阳轮和行星轮啮合传递动力时，两齿轮相互啮合的地方是接触应力最大的地方，最大应力为 260.7MPa，与许用应力 557MPa 相比远远不够，强度满足工作使用要求。太阳轮与行星轮啮合接触的最大变形处为两齿轮相互啮合的地方，最大总变形为 0.0012366mm/mm。齿轮应力云图和应变云图如图 4-65 和图 4-66 所示，放大 480 倍齿轮接触云图如图4-67所示。

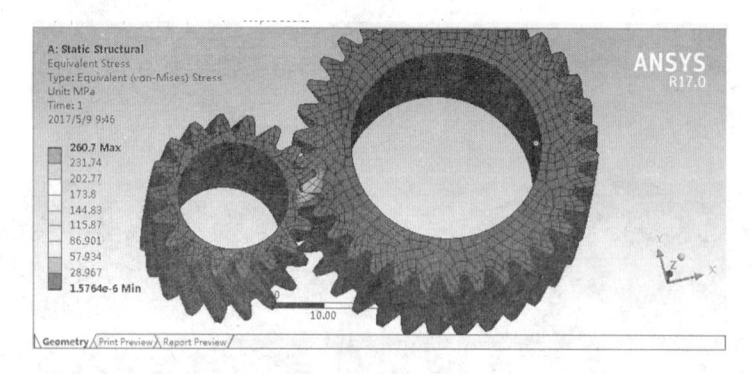

图 4-65　齿轮应力云图

图 4-66　齿轮应变云图

图 4-67　放大 480 倍数齿轮接触云图

第 5 章　驱动桥设计

驱动桥的位置位于整个传动系统的最尾端，它的作用是将从内燃机经过变矩器、变速箱传递过来的动力再传递给轮胎，同时，在实际工作情况的要求下，不断降低传递过来的转速，增大转矩，提供合适的动力来满足装载机作业的要求。但是由于装载机在工作过程中，面对的工作状况荷载繁杂多变，这就对有动力的车桥造成了很大的影响。不仅加剧了驱动桥的磨损，降低了其使用寿命，而且对车辆的动力装置产生了很大的影响。在设计时，须考虑到恶劣的工作条件，以保证其在工作时能有充足的动力来克服外界的干扰，进而能高效率地完成作业要求。

我国的驱动桥总成技术多数还处在低标准水平阶段，特别是主被动螺旋锥齿轮在中国市场还存在低水平过剩现象。为此，齿轮协会成立了车桥的螺旋锥齿轮采购标准的标准化工作组，希望通过创新产品和先进的标准来提高我国的车桥水平，让驱动桥的总成水平尽快达到国际标准。

业界普遍认为，驱动桥总成是最有可能较快达到国际先进水平的。近年来，通过引进、消化、自主创新，已逐步形成中国特色的车桥系列平台，形成中国车桥零部件配套体系。目前，我国引进的德纳、美驰技术，斯太尔·曼技术，日本车桥技术，通过消化与自主创新逐步形成中国的专利技术，必然逐步形成具有中国技术特色的驱动桥系列平台。汉德车桥已经率先技术出口印度，它标志着中国引进消化已经达到自主设计的新阶段；一汽第六代重卡（解放 J6）投放市场，标志着商用车重型化进入新时代，具有国际先进水平的重型底盘总成已经形成；一汽自主研发的 500 单级桥是目前国内同类产品中最大的单级后驱动桥。

5.1　主传动器设计

主传动器的作用是降低转速、增大转矩（即动力比）和变化扭转轴线的方向。在一般情况下主传动器的构造方式关键是依据所选择的主从动齿轮的类型。

①主传动器的减速形式。对于工程机械,一般情况下需要有比较大的主传动比,而且要和地面有比较大的间隙,所以一般选用单级主减速器,其结构相对于双级驱动简单。

②主传动器的齿轮选择。因为工程机械的作业条件恶劣,促使主减速器齿轮承受重载,所以它的主要损坏形式是齿轮折断。为了增高轮齿的强度,一般选用螺旋角为35°、压力角为22.5°的螺旋锥齿轮。在一般情况下齿轮的螺旋方向是一定要和轴向力的方向一致,这样能够推开锥顶。齿轮连接形式如图5-1所示。

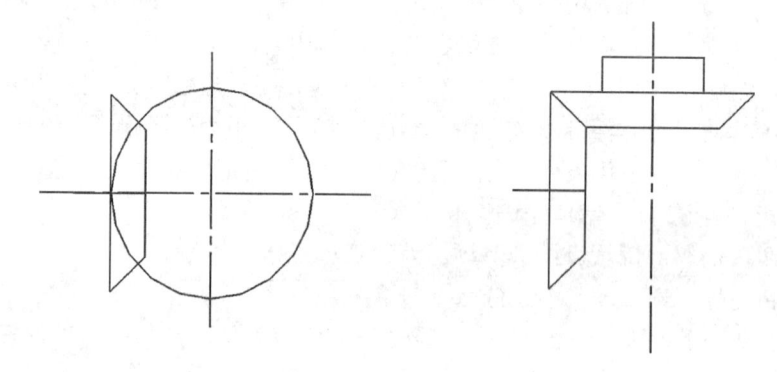

图 5-1 齿轮连接形式图

5.1.1 主传动器的计算

1. 主传动器计算荷载的确定

①依从发动机和输出转矩的最大变速箱计算一挡时主减速器从动大锥齿轮上的最大转矩:

$$M_{p2} = \frac{M_{\max} i_0 i_{k1} \eta_m}{Z} \tag{5-1}$$

式中:M_{p2}——从动大锥齿轮计算转矩,N·m;

$M_{\max}$——发动机与液力变矩器共同工作时输入的最大扭矩;

i_0——驱动桥主动力比,$i_0 = 6.167$;

i_{k1}——变速箱一挡动力比,$i_{k1} = 3.517$;

η_m——变矩器到主减速器的动力效率,$\eta_m = 0.92$;

Z——驱动桥数,$Z=1$。

所以可以计算出:$M_{p2}=15448.5\text{N}\cdot\text{m}$。

②依从驱动轮上的转矩用来计算主减速器从动大锥齿轮的最大转矩:

$$M_{p\varphi}=\frac{G_a\varphi r_d}{i_f\eta_f} \qquad (5-2)$$

式中:G_a——满载时驱动桥上的荷载 $G_a=157500\text{N}$;

φ——附着系数,轮式工程车取 $\varphi=0.85\sim1.0$,这里取 $\varphi=0.9$;

r_d——驱动轮动力半径,$r_d=0.622$;

i_f——从动圆锥齿轮到驱动轮的动力比,即轮边减速器 $i_f=3.67$;

η_f——轮边减速器的效率,行星轮动力通常取 0.98。

根据任务书得 ZL50 装载机工作质量为 17.5t,满载重量 22.5t,即可求出 $M_{p\varphi}=24514.4\text{N}\cdot\text{m}$。

该处的计算转矩为:

$$M_{1\max}=M_{p1}=2556.15\text{N}\cdot\text{m}$$
$$M_{2\max}=M_{p2}=15448.5\text{N}\cdot\text{m}$$

2. 主传动器锥齿轮设计

工程机械的主动力以及差速器大多都会用圆锥轮齿。按锥齿轮的齿面节线形状分,总共有延伸外摆锥齿轮、双曲线锥齿轮、直齿锥齿轮以及螺旋锥齿轮等种类;依据相咬合锥齿轮的轴向的对应位置分,可分为两轴向偏置、两轴向垂直以及两轴向相交三种;依据沿齿宽方向的齿高,可分为高度一样的齿、尺寸减小的齿和双重收缩齿三种。这时主减速器使用螺旋锥齿轮,同时也叫弧齿锥齿轮,其螺旋角取 $\beta_0=35°$,这种齿形的锥齿轮广泛应用于轮式车辆主动力,其特点如下。

①先动的小锥齿轮的齿数能够依据需要降低至 5~6 个,并且不发生根切,所以在不加大大锥齿轮齿数的状况下,主动力器的动力比可以达到 6~8。

②齿轮副的咬合齿数不少,堆叠系数大,齿轮动力平顺,噪声小。

③因为弧齿锥齿轮能够使用不一样的齿侧曲率半径,所以一般在这种情况下可以提高齿轮传动的耐久性能以及可靠性能。

④弧齿锥齿轮能够在拥有多把刀的铣齿机上不间断加工,生产率高,适合大批量生产。

⑤弧齿锥齿轮的轴向推力大,并与转动方向有关,因而在齿轮的制造中就需要用专用的工具以及机床,小批量生产比较困难。

3. 主、从动锥齿轮齿数 z_1、z_2

取主、从动锥齿轮齿数的时候要满足以下条件。
① z_1、z_2 中间尽量不要出现公约数,这是为了均匀磨合。
②将主、从动齿轮的齿数相加一定要大于40。
③为了能够有好的离地间隙,主动力比 i_0 相对大时,z_1 应该小一点。
④相对于不一样的主动力比,z_1 和 z_2 要有合适的配比。
根据以上要求,取 $z_1=7, z_2=43, z_1+z_2=50>40$。

4. 从动锥齿轮大端分度圆直径 d_2 和端面模数 m_t 的选择

d_2 可根据经验公式初选,即:

$$d_2 = KD_2 \sqrt{M_{max}} \tag{5-3}$$

式中:d_2——从动锥齿轮大端分度圆直径,mm;

　　　KD_2——直径系数,一般取 2.8～3.48;

　　　M_{max}——从动锥齿轮的计算转矩,N·cm。

所以 $d_2=(2.8\sim3.48)\sqrt{15448.5}=(348\sim433)$mm;
初选 $d_2=430$mm,则 $m=d_2/z_2=430/43=10$;
主动锥齿轮 $d_1=mz_1=70$mm。

5. 齿高参数的选择

轮式装载机主动力器的螺旋锥齿轮使用短齿制以及大量修正,在这里可以用这个明显地减少小锥齿轮可能会出现的根切的毛病,与此同时可以增强轮齿的强度。大量修正小锥齿轮可以使用正移距,所以此时小锥齿轮的齿顶高就会明显地变高,而大锥齿轮使用负移距,则可以让它齿顶高明显地变小。

弧齿锥齿轮的动力的重合度是比较高的,作业平稳,承载能力比较高,对装配误差及形变不敏锐,可以在这个地方选齿顶高系数 $h^*=0.8$,顶隙系数选 $c^*=0.1888$,变位系数 $x=0.38$。

齿顶高:

$$h_{a1}=(h_a^*+x)m=11.8\text{mm}$$
$$h_{a2}=(h_a^*-x)m=4.2\text{mm}$$

齿根高:

$$h_{r1}=(h_a^*+c^*+x)m=13.05\text{mm}$$
$$h_{r2}=(h_a^*+c^*-x)m=6.4\text{mm}$$

顶隙：
$$c=c^* m=1.88\text{mm}$$

6. 主、从动锥齿轮齿面宽 b_1 和 b_2

从动锥齿轮的齿面的宽度 b_2，在大多情况下都会取小于等于节锥 A_0 的 $\frac{1}{3}$ 倍，即 $b_2 \leqslant \frac{1}{3}A_0$，并且 b_2 应保证 $b_2 \leqslant 10m$，

$$A_0=0.5m \times \sqrt{z_1^2+z_2^2}=218\text{mm} \qquad (5\text{-}4)$$

$$b_2 \leqslant \frac{1}{3}A_0=\frac{1}{3} \times 218\text{mm}=72.6\text{mm} \quad 此处取 70\text{mm}$$

把小齿轮的齿面加大10%会较为适宜，这里可以取 $b_1=75\text{mm}$。

7. 齿轮主要参数

主动力器螺旋锥齿轮的几何尺寸计算如表5-1所示。

表5-1 主动力器螺旋锥齿轮的几何尺寸计算表

序号	项目	计算公式	计算结果
1	主动齿轮齿数	z_1	7
2	从动齿轮齿数	z_2	43
3	端面模数	m	10
4	齿面宽	b	$b_1=75\text{mm}$ $b_2=70\text{mm}$
5	有效齿高	h_e	$h_e=18\text{mm}$
6	全齿高	$h=1.666m_s$	$h=16\text{mm}$
7	法向压力角	α	$\alpha=22.5°$
8	轴交角	$\sum$	$\sum=90°$
9	节圆直径	$d=mz$	$d_1=70\text{mm}$ $d_2=430\text{mm}$

续表

序号	项目	计算公式	计算结果
10	节锥角	$\tan\delta_1 = \dfrac{z_1}{z_2}$, $\delta_2 = \Sigma - \delta_1$	$\delta_1 = 9.2°$ $\delta_2 = 80.8°$
11	节锥距	$A_0 = \dfrac{d_1}{2\sin\delta_1} = \dfrac{d_2}{2\sin\delta_2}$	$A_0 = 220.2\text{mm}$
12	齿顶高	$h_{a1} = (h_a^* + x)m$ $h_{a2} = (h_a^* - x)m$	$h_{a1} = 11.02\text{mm}$ $h_{a2} = 4.2\text{mm}$
13	齿根高	$h_f = h - h_a$	$h_{f1} = 13.05\text{mm}$ $h_{f2} = 6.4\text{mm}$
14	齿顶间隙	$c = c^* m$	$c = 1.88$
15	齿根角	$\theta_f = \arctan\dfrac{h_f}{A_0}$	$\delta_{f1} = 3.39°$ $\delta_{f2} = 1.66°$
16	顶锥角	$\delta_a = \delta + \theta_a$	$\delta_{a1} = 13.3°$ $\delta_{a2} = 82.6°$
17	根锥角	$\delta_f = \delta - \theta_f$	$\delta_{f1} = 5.81°$ $\delta_{f2} = 79.1°$
18	螺旋角	β	$\beta = 35°$
19	螺旋方向	主动锥齿轮左旋,从动锥齿轮右旋	

5.1.2 齿轮计算

驱动桥主减速器中锥齿轮作业位置不好,相比较传动系统中的其余齿轮承载更多的载重,并且载重不稳定、作业时间长、经常会有冲击荷载。因此,需要主减速器锥齿轮采用更好的材料,所以这里选择大、小锥齿轮的材料主要是20CrMnTi,在经渗碳淬火和低温回火处理之后它的性能参数如下:表面硬度一般可以达到58～64HRC,但是其心部的硬度一般情况下会稍微低一点,大约是300HBW,其强度极限$\sigma_b = 1750\text{MPa}$,屈服极限$\sigma_s = 850\text{MPa}$,渗层厚度大于1.2mm。

1. 主减速器圆弧齿螺旋锥齿轮的强度计算

(1)主减速器锥齿轮的齿根弯曲应力为

$$\sigma = \frac{2 \times 10^3 T K_0 K_s K_m}{K_v b z m^2 J} \quad (5\text{-}5)$$

式中：T——齿轮的计算转矩，N·m；

K_0——超载系数，在此取 1.0；

K_s——尺寸系数，当 $m \geqslant 1.6$ 时，$K_s = \sqrt[4]{\dfrac{m}{25.4}}$，在此 $K_s = \sqrt[4]{\dfrac{10}{25.4}} = 0.79$；

K_m——荷载的分配系数，齿轮用骑马式的支承形式时，$K_m = 1.00 \sim 1.10$，其他方式支承时取 $1.10 \sim 1.25$。支承刚度大时取最小值；

K_v——质量系数，对于汽车驱动桥齿轮，当齿轮接触良好，周节及径向跳动精度高时，可取 1.0；

b——齿轮的齿面宽度，mm；

z——计算齿轮的齿数；

m——端面模数，mm；

J——计算弯曲的应力综合系数。

计算弯曲应力的时候要使用轮齿的中点圆周力以及中点端面模数，但是现在要利用大端模数，并且会在综合系数之中修改。按图 5-2 选取小齿轮 $J = 0.23$，大齿轮 $J = 0.22$。

$$\sigma_1 = \frac{2 \times 10^3 \times 2556.15 \times 1 \times 0.79 \times 1}{1 \times 70 \times 7 \times 10^2 \times 0.22}$$

$$= 358.36 \text{ N/mm}^2 < 850 \text{ N/mm}^2$$

$$\sigma_2 = \frac{2 \times 10^3 \times 15448.5 \times 1 \times 0.79 \times 1}{1 \times 75 \times 43 \times 10^2 \times 0.22}$$

$$= 344.03 \text{ N/mm}^2 < 850 \text{ N/mm}^2$$

由上面的数据可以知道主减速器的齿轮能够达到弯曲强度条件。

(2)轮齿的表面接触疲劳强度计算

锥齿轮的齿面接触应力为

$$\sigma_C = c_0 \sqrt{\frac{P K_0}{K_v} \frac{1}{bd} \frac{c_3 K_m c_9}{I}} \text{ N/mm}^2 \quad (5\text{-}6)$$

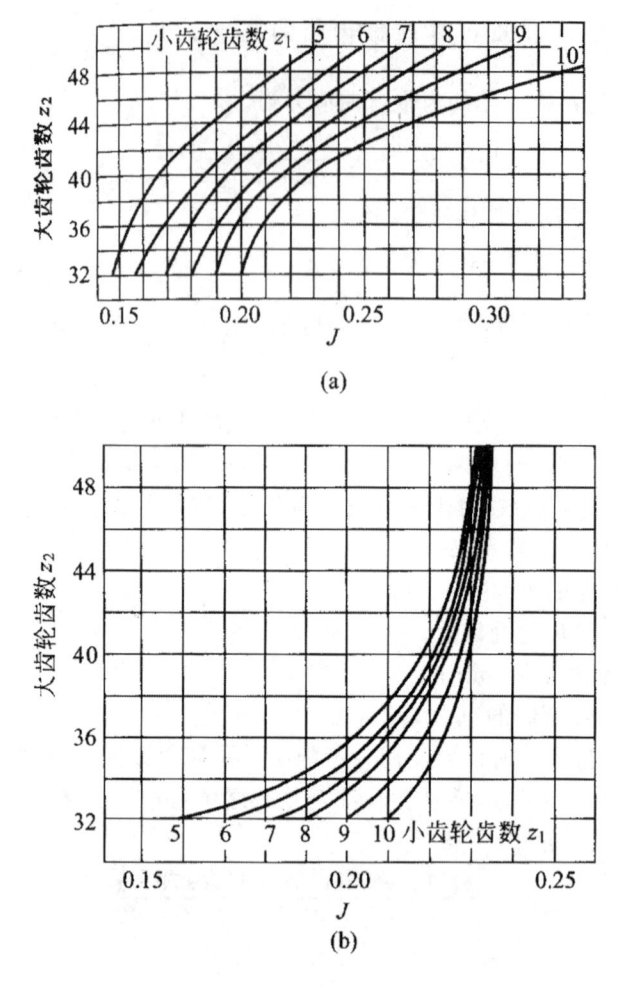

图 5-2 弯曲计算用综合系数 J

式中：P——作用在轮齿中点上的圆周力，$P=\dfrac{2M_p}{i_z\eta_z D_平}$；

c_0——材料的弹性系数，钢制的齿轮副可以用 $234\text{N}^{\frac{1}{2}}/\text{mm}$；

K_0,K_v,K_m——见式(5-5)下的说明；

c_3——尺寸系数，可取 1.0；

c_9——表面质量系数和光洁度，通常情况下，相对于做工精准的齿轮可用 1.0；

I——几何系数。对轴交角为 90°、压力角 $\alpha=22.5°$、螺旋角 $\beta=35°$，用插入法综合选取 $I=0.115$。

其中

$$P = \frac{2M_p}{i_z \eta_z D_平} = \frac{2 \times 2556.15}{6.17 \times 0.96 \times 52.6} = 16.4$$

因此

$$\sigma_C = c_0 \sqrt{\frac{PK_0}{K_v} \frac{1}{bd} \frac{c_3 K_m c_9}{I} \times 10^3}$$

$$= 234 \sqrt{\frac{16.4 \times 1 \times 1 \times 1 \times 1 \times 1 \times 10^3}{1 \times 75 \times 70 \times 0.115}}$$

$$= 1219.6 \text{N/mm}^2$$

$$< 1750 \text{ N/mm}^2$$

因此主动力器的接触疲劳强度能保证强度要求。

2. 主动小锥齿轮上花键的校核

花键的连接按照齿的形状不同，可以分为矩形花键的连接以及渐开线花键的连接。

矩形花键的特点：矩形花键键齿的侧面有相互平行的平面，这样的结构利于加工，并且可以把它加以磨削以获得比较高的加工精度，它的应用范围十分广泛。

渐开线花键的特点是：一般情况下齿的轮廓是渐开线，可以应用制作齿轮的方式去加工，因此它的工艺性能比较好，并且制造精度也是比较高的，非常容易定心。当渐开线花键的齿承受荷载时，它的齿上的径向力有自动定心的作用，有利于花键各齿的承载均匀。

比较两种花键形式的优缺点，此次设计的ZL50装载机的主动力器使用渐开线花键更加适合。

(1) 键的参数选择

计算出花键的各参数见表5-2。

(2) 键的破坏形式

花键的主要失效形式有两种，第一种就是工作面会被压溃（静联接），第二种就是工作面会出现过度的磨损（动联接）。这里的破坏形式指第一种。

表 5-2　主动力器中主动轴的花键参数

名称	公式代号	数值
模数	m	2.5
分度圆压力角	α	30°
齿数	z	20
理论工作齿高	$h_g = m$	2.5
分度圆直径	$d = mz$	50
基圆直径	$d_b = d\cos\alpha$	43.3
外花键大径尺寸	$D_{ee} = m(z+1)$	52.5
外花键小径尺寸	$D_{ie} = m(z-1.5)$	46.25

3. 键的校核

$$\sigma_p = \frac{2 \times M_{max}}{\varphi z h l d_m} \tag{5-7}$$

式中：σ_p——花键的压强，MPa；

　　　M_{max}——锥齿轮所能够承担的最大的转矩，N·mm；

　　　φ——齿轮之间的荷载不均匀系数，工程机械一般情况下会取 $\varphi=0.7$ ~0.8，在齿数比较多的情况下取值会偏小，这里取 $\varphi=0.7$；

　　　z——花键齿数，$z=20$；

　　　l——齿的工作长度，mm；

　　　h——键齿的工作高度，在一般情况下渐开线花键取 $h = m$ mm；

　　　d_m——平均直径，$d_m = d_i$，d_i 为分度圆的直径，mm。

$$\sigma_p = \frac{2 \times M_{max}}{\varphi z h l d_m} = 33 \text{MPa} < [\sigma_p] = 35 \text{MPa}$$

满足强度要求。

5.2 差速器设计

5.2.1 差速器的结构及工作原理

车辆在正常行驶中,两侧的轮胎会因为转弯或者地面不平造成两侧轮胎走过的路程不同,每个轮胎的充气量等因素的影响会使得两侧轮胎转的圈数不相同,也就是它们的滚动半径不相同。需要用差速器来解决这个问题,使两侧的轮胎以不同的转速进行转动来满足不同的需要,减少轮胎的磨损。差速器的结构以及形式有非常多的种类。圆锥齿轮式的差速器在一般情况下结构会相对紧凑、动力效率较高、比较简单,它的工作特性能够满足一般的使用需求。

1. 圆锥齿轮差速器的结构

对称式圆锥齿轮差速器总成和分解图如图 5-3 和图 5-4 所示。差速器主要是由圆锥行星的小齿轮、行星齿轮轴、圆锥半轴及差速器的左右壳等主要零件组成的。可以利用螺栓把主传动器的从动大锥齿轮以及差速器壳的凸缘固定连接。左右差速器的结合面上会有四个相对应的半圆形的槽,在装配时,它们所形成的十字形状的通道能够将行星轮的十字轴紧密地夹合。可以将半轴齿轮的内花键与半轴一端的花键连接,半轴的另一端能够通过花键将轮边减速器太阳轮内花键与驱动轮轮毂连接。所以,主动力的动力传递路径为:差速器壳—十字轴—行星齿轮—半轴齿轮—半轴—轮边减速器等机件传给驱动轮。

图 5-3　差速器总成

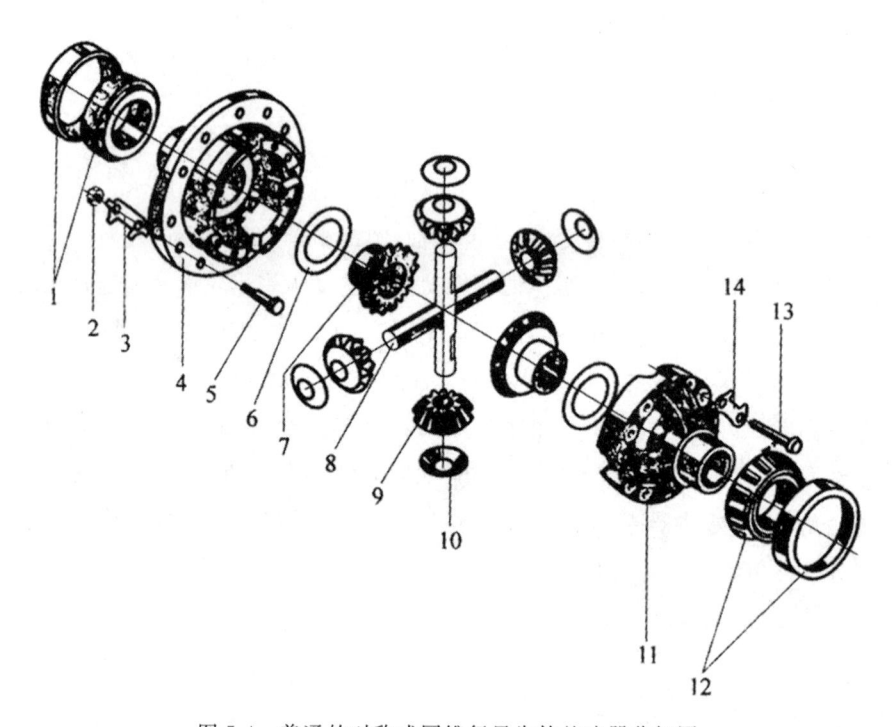

图 5-4　普通的对称式圆锥行星齿轮差速器分解图

2.差速器的工作原理

当两侧车轮上面的阻力矩不一样时,差速器就会起作用。如当车辆直线行驶时,或者两侧车轮上的荷载、胎内压力、道路状况等不相同时,差速器将发挥作用。差速器的工作原理用差速器发挥作用时左右两个半轴的扭矩和转速的分配关系来说明。

如图 5-5 所示,在一般情况下普通的圆锥齿轮差速器就是一种行星齿轮构造。主动力由从动大锥齿轮 6 与差速器左右壳 3 及十字轴 5 连接固定成一个整体,构成一个行星架,作为差速器的主动体,假设图 5-5 的 A、B 两个点为行星齿轮 4 以及半轴齿轮 1、2 上的平均节圆半径上的咬合点。

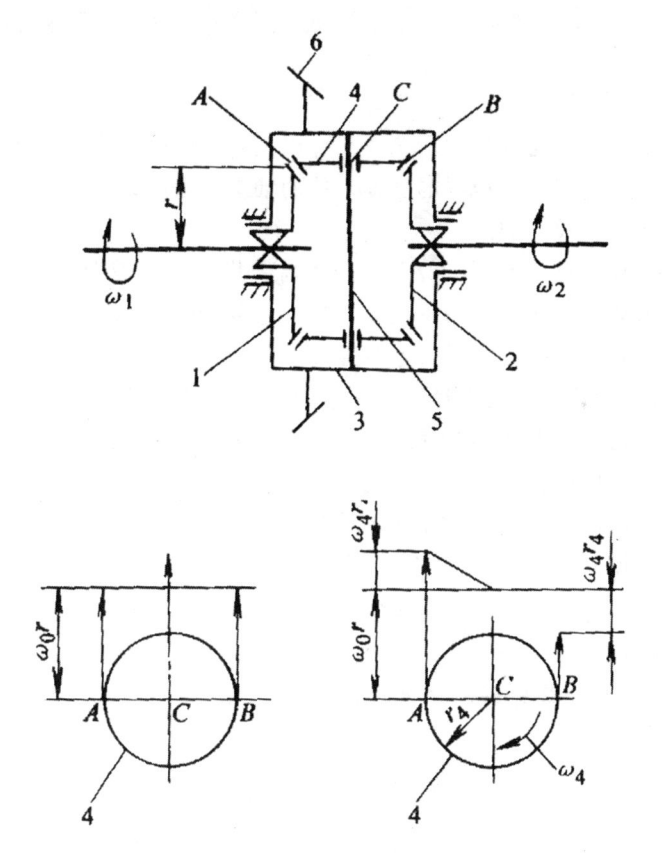

图 5-5 圆锥齿轮差速器工作原理示意图

行星齿轮跟随十字架在差速器壳上公转,因此它们的圆周速度一样,$v_A = v_B = v_C = \omega_0 r$,所以半轴齿轮 1、2 的角速度为 $\omega_0 = \omega_1 = \omega_2$,在这种情况下差速器不起作用。

4个行星齿轮除了要跟随差速器壳进行公转以外,还要围绕本身的十字轴 5 以角速度 ω_4 自转,A 的圆周速度为 $\omega_1 r = \omega_0 r + \omega_4 r$,B 的圆周速度为 $\omega_2 r = \omega_0 r - \omega_4 r$。

于是: $\qquad\qquad \omega_1 r + \omega_2 r = \omega_0 r + \omega_4 r + \omega_0 r - \omega_4 r$

即: $\qquad\qquad\qquad\qquad \omega_1 + \omega_2 = 2\omega_0$

若角速度以每分钟转数 n 表示,则

$$n_1 + n_2 = 2n_0$$

由上式可知,所有车辆在进行转弯行驶时或者在比较复杂的路况下不会发生滑动。

5.2.2 普通对称式圆锥行星齿轮差速器参数化设计

因为主减速器的大锥从动齿轮是安装在差速器的左壳上面的,因此在这种情况下主减速器的从动齿轮的尺寸以及差速器的轮廓的尺寸都会在一样的时间内经受到主减速器的从动齿轮的轴承支承座以及主动齿轮的导向轴承座的限制以及影响。

在轮式装载机的上面一般会采用直齿锥齿轮的差速器,差速器的左边外壳会与主动力器的从动齿轮用螺栓固定连接,因此主动力器从动大锥齿轮的尺寸和差速器外壳的尺寸会相互影响以及限制。

(1)行星齿轮数目的选择

轮式的装载机上面的差速器的行星齿轮的数目一般采用 4 个,这里也会采用 4 个行星齿轮。

(2)行星齿轮球面半径 R_B 的确定

球面半径 R_B 可以用下面的公式来确定:

$$\varphi = K_\varphi \sqrt[3]{M_{\text{计}}} \text{ mm} \qquad (5\text{-}8)$$

式中: φ ——球面半径,mm;

K_φ ——行星齿轮球面半径系数,1.1~1.3;

$M_{\text{计}}$ ——计算的转矩,kg·mm。

根据上式 $\varphi = K_\varphi \sqrt[3]{M_{\text{计}}} = 147.5 \text{mm}$。

$$A_0 = (0.98 \sim 0.99) \cdot \frac{\varphi}{2}$$

式中: A_0 ——节锥距,mm;

这里 $A_0 = \dfrac{\varphi}{2} = \dfrac{147.5}{2} = 70.6 \text{mm}$。

(3) 行星齿轮与半轴齿轮的选择

确定了差速器的行星齿轮的球面半径以后，就能确定齿轮的大小。因为在进行齿形参数的选择时一定要让小锥齿轮的齿数尽量选取小值，在这种情况下就可以得到比较大的模数，可以使齿轮拥有比较高的强度，一般情况下要大于 10，半轴的齿轮齿数大多数采用16～22，但是行星齿轮的齿数大多采用 10～12。

安装在十字轴中的 4 个齿轮与其他两个齿轮是一起咬合的，它们所要满足的安装条件为：

$$\frac{z_{2L}+z_{2R}}{n}=I \tag{5-9}$$

式中：z_{2L}，z_{2R}——$z_{2L}=z_{2R}$；

n——行星齿轮数目；

I——任意数。

这里选取 $z_1=11$，$z_2=20$。

(4) 圆锥齿轮模数和半轴齿轮节圆直径参数的确定

在第一步要进行初步计算，算出节锥角 δ_1，δ_2：

$$\delta_1=\arctan\frac{z_1}{z_2}=\arctan\frac{11}{20}=28.8°,\ \delta_2=90°-\delta_1=61.2°$$

再算出圆锥齿轮模数 m

$$m=\frac{2A_0}{z_1}\sin\delta_1=\frac{2\times70.5}{11}\sin28.8°=6,\ \text{取}\ m=6$$

得

$$d_1=mz_1=66\text{mm}$$

$$d_2=mz_2=120\text{mm}$$

(5) 压力角 α

在现在的计算之中，装载机差速器的齿轮会采用 22.5°的压力角，且齿高系数取值 0.8。这样最小的齿数可以取到 10。如图 5-6 所示，选取 22.5°行星齿轮安装孔直径 Φ 和安装深度 L 的值：

$$L=1.1\Phi,\ L\varphi=1.1\Phi^2=\frac{M_0\times10^3}{[\sigma_c]nl}$$

$$\Phi=\sqrt{\frac{M_0\times10^3}{1.1[\sigma_c]nl}} \tag{5-10}$$

式中：M_0——在此取 37561N·m；

n——在此为 4；

l—— $l\approx0.5d_2'$，$d_2'\approx0.8d_2$；

$[\sigma_c]$——在此取 140 MPa。

依据上面的式子 $d_2'=0.8\times120=96\text{mm}$，$l=0.5\times96=48\text{mm}$。

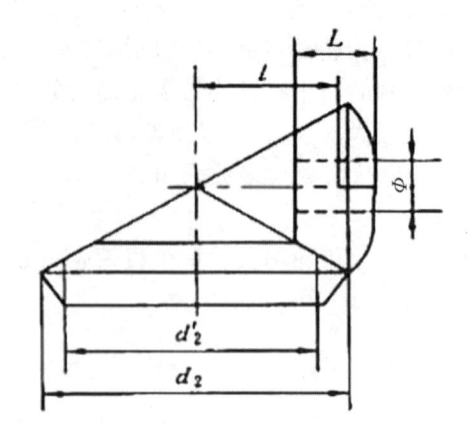

图 5-6　差速器行星齿轮的安装孔的直径 Φ 及其深度 L

$$\Phi=\sqrt{\frac{M_0\times10^3}{1.1[\sigma_c]nl}}=\sqrt{\frac{33445\times10^3}{1.1\times140\times4\times48}}=25.6\text{mm}$$

$$L=1.1\Phi=1.1\times50=28.2\text{mm}$$

5.2.3　差速器半轴齿轮的花键校核

1. 键的参数选择

依据《机械设计手册》可以查取并且计算出花键的各个参数。

2. 键的破坏形式

其失效形式是工作面被压溃。

3. 键的校核

$$\sigma_p=\frac{2M_{\max}}{\varphi zhld_m} \tag{5-11}$$

式中：$M_{\max}$——半轴所能受到的最大扭矩，N·mm；

$\sigma_p,\varphi,z,l,h,d_m$ 与式(5-10)同。

$$\sigma_p=\frac{2M_{\max}}{\varphi zhld_m}=170\text{MPa}<[\sigma_p]=200\text{MPa}$$

满足条件。

5.3 轮边减速器的设计

轮边减速器的主要作用就是进行增扭降速,从而使装载机在各种复杂工况中依然能够安全稳定地行驶作业;同时轮边减速器能够分担一部分轮边动力比,从而使轮边减速器的零部件的扭矩和尺寸能够尽量减小。大型的工程机械车辆采用的轮边减速器结构形式是单排内、外啮合的行星轮边减速器。轮边减速器的运行过程是通过花键的连接经由半轴带动太阳轮,太阳轮作为主动轮带动行星轮传动,它的齿圈以及驱动桥壳是通过花键连接的。使用这种方案的动力比为 $1+a$,这里 a 为齿圈与太阳轮齿数比。

5.3.1 行星齿轮动力的几何尺寸和啮合参数计算

1. 行星轮系齿数的选择

(1) 齿数关系的确定

太阳轮为主动力轮,将扭矩输入,通过与行星轮固定连接的行星架将扭矩传递出去,其动力比的计算公式为:

$$i = 1 + a = 1 + \frac{z_q}{z_t}$$

轮边减速器的动力比为 3.67,则 $\frac{z_q}{z_t} = 2.67$。

(2) 同心条件

一般情况下行星轮和太阳轮的中心距与齿圈的中心距是一样的:

$$\frac{z_t + z_x}{\cos\alpha_{tx}} = \frac{z_q + z_x}{\cos\alpha_{qx}}$$

式中:α_{tx}——太阳轮与行星轮之间的啮合角;

α_{qx}——齿圈与行星轮之间的啮合角。

$\cos\alpha_{tx} = \cos\alpha_{qx}$,计算得:

$$z_q - z_t = 2z_x$$

采用角度变位齿数一方面能够方便地选择行星齿轮的齿数,另一方面可以增加齿轮强度。综上得行星齿数为:

$$z_x = \frac{z_q - z_t}{2} + \Delta z_x$$

当(z_q-z_t)为偶数时，$\Delta z_x = -1$；

当(z_q-z_t)为奇数时，$\Delta z = \pm 0.5$。

(3)根据安装条件确定齿数关系

在行星齿轮的动力中，只要满足$n_p=1$时大小齿轮就能轻易完成装配，但车辆一般采用多个行星轮来增强承载能力。这样可以使几个行星轮均匀承受齿轮荷载，同时也会使行星架的强度和刚度下降，使齿轮接触条件加深恶劣程度。综合考虑上述情况，本书选定行星轮的个数为3个。对于拥有N个行星轮均匀分布的齿轮的动力系，它需要满足的装配条件是：

$$\frac{z_q+z_t}{N}=C, C 为任意整数$$

(4)配齿计算

配齿计算是指行星轮系中各齿轮的齿数需要根据设计要求的轮边动力比i来确定。另外还要考虑所选择的齿数组合能与动力比搭配合适。太阳轮的齿数可以减少到14～22，综上考虑最终设计选择：

$$z_t = 18$$
$$z_q = 57$$

根据同心条件计算：$z_x = \dfrac{z_q - z_t}{2} - \Delta z = 19$

根据齿轮数的对比可以知道，在太阳轮和行星轮齿轮副之中，太阳轮是它们之中的小齿轮，在行星轮与齿圈的齿轮副之中，行星轮是它们之中的小齿轮。

2.齿轮动力主要参数的初算

根据计算得出的齿面接触强度可以初步算出小齿轮分度圆直径d_1，计算公式为：

$$d_1 = k_d \sqrt[3]{\frac{T_1 K_A K_{H\Sigma} K_{HP}}{\varphi_d \sigma_{H\lim}^2} \cdot \frac{u \pm 1}{u}} \tag{5-12}$$

式中：K_d——算式系数，刚性配对的齿轮副，直齿轮其值一般取$K_d=768$；

T_1——啮合齿轮副中小齿轮的名义转矩，N·m，应该是功率分流后的值。查表得$T_1 = \dfrac{T_a}{N}, T_a = M$；

K_A——使用系数，查表得$K_A = 1.25$；

$K_{H\Sigma}$——综合系数，查表得$K_{H\Sigma} = 1.7$；

K_{HP}——计算接触面的行星轮荷载分布不均匀系数，通过计算得$K_{HP}=1.2$；

φ_d——小齿轮齿宽系数，查表得$\varphi_d = 0.75$；

u——齿数比，$u=\dfrac{u_c}{u_z}=1.056$；

$\sigma_{H\lim}$——齿轮的接触疲劳强度，查图表得 $\sigma_{H\lim}=1500\text{N/mm}^2$。

式中如果是外啮合用加号，是内啮合用减号，将以上各系数的数据代入公式得：

$$d_1=k_d\sqrt[3]{\dfrac{T_1K_AK_{H\Sigma}K_{HP}}{\varphi_d\sigma_{H\lim}^2}\cdot\dfrac{u\pm1}{u}}=171.95\text{mm}$$

3. 啮合参数的计算

标准齿轮动力的性能都是比较高和比较容易达到的要求，但是随着对齿轮有更高的要求，例如动力高速、重载、小型、轻量化等，在标准齿轮身上的一些缺点就会慢慢地显现出来，比如小齿轮的寿命短，齿轮的动力不紧凑等问题，这种情况下许多高要求的齿轮就需要采用渐开线非标准齿轮。

计算模数 $m=\dfrac{d_1}{z_t}=\dfrac{171.95}{18}=9.41$，根据标准齿轮模数系列表选取 $m=10$。

下面分别计算出两个中心距：

$$a_{tx}=\dfrac{1}{2}m(z_t+z_x)=185\text{mm}$$

$$a_{qx}=\dfrac{1}{2}m(z_q+z_x)=190\text{mm}$$

由于上面算出来的中心距不一样，且 $a_{qx}>a_{tx}$，这个行星传动要进行变位。

根据计算出来的两个啮合副的标准中心距之间的关系选取其啮合中心距为 $a=190$。

行星动力系啮合参数如表 5-3 所示。

表 5-3 行星动力系啮合参数表

项目	计算公式	太阳轮-行星齿轮副	齿圈-行星齿轮副
中心距变动系数	$y=\dfrac{a'-a}{m}$	$y_t=0.5$	$y_q=0$
啮合角	$\alpha'=\cos^{-1}\left(\dfrac{a}{a'}\cos\alpha\right)$	$\alpha'_{tx}=23.8°$	$\alpha'_{qx}=20°$
变位系数	$X_{\Sigma x}=\dfrac{z_\Sigma}{2\tan\alpha}(inv\alpha'-inv\alpha)$	$X_{\Sigma tx}=0.548$	$X_{\Sigma qx}=0$
齿根高变位系数	$\Delta y=X_{\Sigma x}-y$	$\Delta y_t=0.046$	$\Delta y_q=0$
重合度	$\varepsilon=\dfrac{1}{2N}(z_1(\tan\alpha_{a1}-\tan\alpha')$ $\pm z_2(\tan\alpha_{a2}-\tan\alpha'))$	$\varepsilon_t=1.386$	$\varepsilon_q=1.773$

各齿轮的变位系数如下。

(1)太阳轮—行星齿轮副

$z_t=18>z_{\min}=17, z_t+z_x=37>2z_{\min}=34$,中心距 $a_{tx}=185\text{mm}>a'=190$。因此,太阳轮—行星齿轮副采用角度变位系正动力,则太阳轮的变位系数计算公式为:

$$X_t=0.5\left[X_{\Sigma x}-\frac{z_x-z_t}{z_x+z_t}(X_{\Sigma x}-\Delta y_t)\right]+0.08=0.347$$

由此可以计算行星轮的变位系数为:

$$X_x=X_{\Sigma tx}-X_t=0.548-0.347=0.2$$

(2)齿圈—行星齿轮副

在 q-x 齿轮副中:

$$z_x=19>z_{\min}=17, z_q-z_x=38>2z_{\min}=34, a_{qx}=190\text{mm}=a'$$

所以,齿圈—行星齿轮副进行变位就是为了增大啮合的性能以及修复齿轮副。变位方式可以采用高度变位,即 $X_{\Sigma qx}=X_q-X_x=0$,其中齿圈的变位系数为:$x_q=x_x=0.2$。

5.3.2 行星齿轮、太阳齿轮、齿圈几何参数的确定

由以上计算出来的数据可算出各齿轮副的几何尺寸,设计的行星—太阳轮齿轮副和行星轮—齿圈齿轮副的计算结果如表 5-4 所示。

表 5-4　x-q 啮合动力几何尺寸　　　　　　　　　　单位:mm

项　目	计算公式	t-x 齿轮副	q-x 齿轮副
变位系数 x	x	$x_t=0.347$ $x_x=0.2$	$x_q=0.2$ $x_x=0.2$
分度圆直径	$d=mz$	$d_t=180\text{mm}$ $d_x=190\text{mm}$	$d_x=190\text{mm}$ $d_q=570\text{mm}$
齿顶高	$h_a=(h_a^*\pm x\pm\Delta y)m$	$h_{at}=13.01\text{mm}$ $h_{ax}=11.55\text{mm}$	$h_{ax}=11.55\text{mm}$ $h_{aq}=7.99\text{mm}$
齿根高	$h_{f1}=(h_a^*+c^*-x_1)m$ $h_{f2}=(h_a^*+c^*\pm x_2)m$	$h_{ft}=9.03\text{mm}$ $h_{fx}=10.49\text{mm}$	$h_{fx}=10.49\text{mm}$ $h_{fq}=14.51\text{mm}$
齿根圆直径	$d_{f1}=d_1-2h_{f1}$ $d_{f2}=d_2\pm 2h_{f2}$	$d_{ft}=206.3\text{mm}$ $d_{fx}=213.1\text{mm}$	$d_{fx}=213.1\text{mm}$ $d_{fq}=554.02\text{mm}$

续表

项 目	计算公式	t-x 齿轮副	q-x 齿轮副
基圆直径	$d_b = d\cos\alpha$	$d_{bt} = 169.15 \text{mm}$ $d_{bx} = 178.54 \text{mm}$	$d_{bx} = 213.1 \text{mm}$ $d_{bq} = 554.02 \text{mm}$
节圆直径	$d' = d\dfrac{\cos\alpha}{\cos\alpha w x_q}$	$d'_t = 184.86 \text{mm}$ $d'_x = 195.14 \text{mm}$	$d'_x = 190 \text{mm}$ $d'_q = 570 \text{mm}$
齿顶圆压力角	$\alpha_a = \arccos\dfrac{d_b}{d_a}$	$\alpha_{at} = 34.82°$ $\alpha_{ax} = 33.09°$	$\alpha_{ax} = 33.09°$ $\alpha_{aq} = 14.80°$

5.3.3 齿轮材料的选择

因为装载机轮边减速器中的齿轮承受荷载的能力要比其他地方高,耐磨性比其他地方好,所以这里可以选用20CrMnTi作为制造齿轮的材料,齿轮在经过渗碳淬火处理之后,它的齿轮表面硬度能够达到58～62HRC,芯部硬度可以达到320HBS。齿轮精度一般为7级。可以选取压力角为20°,齿顶高的系数为$h_a^* = 1$,顶隙的系数为$c^* = 0.25$的直齿齿轮。

5.3.4 行星齿轮动力强度的计算及校核

在行星齿轮动力系中,通常情况下只需要计算太阳轮和行星轮的强度和校核。

1. 行星齿轮弯曲疲劳强度的计算及校核

$$\sigma_F = \frac{KF_t}{bm} Y_{Fa} Y_{Sa} Y_\xi Y_B \tag{5-13}$$

式中:K——荷载系数,$K = K_A K_v K_a K_\beta$;

K_A——使用系数,取1.25;

K_v——动载系数,取1.0;

K_a——取1.2;

K_β——取1.5;

F_t——$F_t = \Omega \dfrac{M_p}{nr_t}$;

M_p——平均荷载,取596437N·mm;

Ω——圆周力修正的系数 Ω,当行星轮采用 3 个时,其值取 $\Omega=1.15$;

n——行星轮数目,此处 $n=3$;

r_t——太阳轮节圆直径,$r_t=21.38$ mm;

b——齿宽,mm;

m——模数,mm;

Y_{Fa}——外齿轮的齿形系数,根据《机械设计手册》选取其值;

Y_{Sa}——外齿轮的应力修正系数;

Y_ξ——计算弯曲强度重合系数,$Y_\xi=0.25+\dfrac{0.75}{\xi}=0.52$;

Y_B——计算弯曲强度螺旋角系数,$Y_B=1.0$。

$$\sigma_F = \dfrac{KF_t}{bm} Y_{Fa} Y_{Sa} Y_\xi Y_B$$

$$= \dfrac{1.25 \times 1 \times 1.2 \times 1.5 \times 1.15 \times 596437}{41.8 \times 3.5 \times 3} \times 4.0261 \times 1 \times 0.52$$

$$= 140 \text{MPa} < 400 \text{MPa}$$

2. 接触疲劳应力校核 σ_{Hp}

许用接触应力可按下式计算,即

$$\sigma_{Hp} = Z_E Z_H Z_\xi Z_B \sqrt{\dfrac{KF_t}{bd_t} \dfrac{u \pm 1}{u}} \tag{5-14}$$

式中:Z_E——弹性影响的系数,对于钢材可以取 $189.8\sqrt{\text{MPa}}$;

Z_H——节点区域系数,$Z_H = \sqrt[2]{\cos^2\alpha\tan\alpha_{tx}} = 2.158$;

Z_ξ——重合系数,对于直齿轮 $Z_\xi = \sqrt{\dfrac{4-\xi_{tx}}{3}} = 0.959$;

Z_B——螺旋角系数,对于直齿轮取 1;

u——动力比,$u=\dfrac{z_x}{z_t}$;

$$\sigma_{Hp} = Z_E Z_H Z_\xi Z_B \sqrt{\dfrac{KF_t}{bd_t} \dfrac{u \pm 1}{u}}$$

$$= 2.158 \times 0.959 \times 1 \times 189.8 \sqrt{\dfrac{1.5 \times 9616.197}{41.8 \times 52} \left(\dfrac{2.6923}{1.623}\right)}$$

$$= 1171.85 \text{MPa} < 1200 \text{MPa}$$

所以所选材料能满足弯曲应力和接触应力的条件要求。

5.4 半轴设计

半轴是在差速器和轮边减速器两者中间能够传递动力的实心轴。3/4半浮式以及半浮式支承形式的半轴除了能够传递扭矩之外，还要承担车轮上面作用的诸多反力以及弯矩，一般情况下这两种形式只能在轻型车辆上使用。在轮式工程机械上一般使用全浮式的半轴支承式。

图 5-7 为装载机驱动桥中的半轴，即全浮式支承。在半轴的内端利用花键与差速器中半轴齿轮的内花键相互啮合。半轴齿轮的轮毂部分会支承在差速器壳的圆周四个轴孔之中。主动力器壳以及驱动桥壳可以利用螺栓固定以及连接。像这种结构的支承形式可以使半轴与桥壳没有直接连接而进行接触。

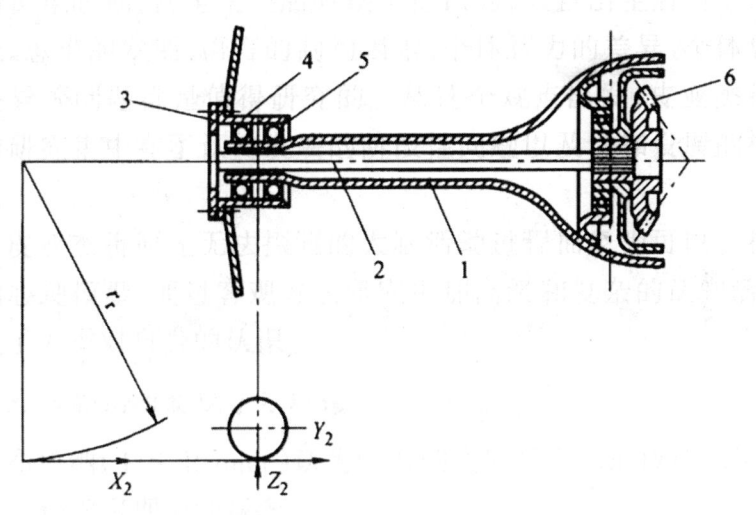

图 5-7 全浮式半轴支承示意图
1—桥壳；2—半轴；3—半轴凸缘；4—轮毂；
5—轮毂轴承；6—主减速器从动锥齿轮

全浮式支承的半轴在受力时状态比较好，能够承受比较大的扭矩，并且十分容易拆装和配合。另外，当半轴偶尔折断时，车轮不会脱飞，较为安全。

5.4.1 半轴的结构设计

半轴的结构设计中,半轴花键的底径要大于半轴的杆部直径,这样能使半轴的各部分达到基本强度。为了使花键内径能够大于半轴的杆部直径,通常需要将加工有花键的两端稍微加粗,而且需要适当地减小花键槽的深度,这样就要求花键的齿数必须相应增多。交变荷载迫使半轴的疲劳强度大幅度降低,所以,使半轴不受弯曲力矩的作用是提高半轴的疲劳强度比较有效的方法。半轴的破坏形式一般多是扭转疲劳破坏,所以为了减小应力过于集中,在结构设计中应该尽量增大其过渡部分的圆角半径。

5.4.2 半轴的材料与热处理

关于半轴的材料,过去大都采用含铬的中碳合金,如 40Cr、40CrMnMo、35CrMnTi、38CrMnSi、35CrMnSi、42CrMo 等,近些年来推广我国自主研制出来的新钢种如 40MnB 等作为半轴材料,使用效果非常好。例如:采用 40MnB 材料然后经过高频淬火处理的半轴,它的静强度可以超过用 40Cr 制造并调质处理的半轴,它的扭转屈服极限超过 784MPa。本书中采用的材料是 40Cr,这样半轴的许用应力 $[\tau]$ 取值范围就能达到 500~600MPa。

半轴的热处理:此设计材料采用高频、中频等感应淬火的方法进行热处理。这种热处理方法能在半轴表面形成适当厚度的硬化层。由于硬化层强度比较大,加之在半轴表面形成比较大的残余压应力,所以能够使半轴的静强度和疲劳强度大幅度提高,其中半轴疲劳强度的提高更加显著。

5.4.3 半轴的强度校核计算

验算其扭转应力 τ:

装载机在条件恶劣的工况中行驶时,当其一侧的驱动轮在地面上意外打滑时,为了能够将大部分转矩或全部转矩传给另一侧不打滑的驱动轮,以利用这一侧的驱动轮的附着力产生较大的牵引力使车辆继续行驶作业,可以利用差速器锁止这种情况使差速器不起作用。

初选半轴杆部直径 $d=70$ mm。

$$\tau = \frac{T}{\frac{\pi}{16}d^3} \tag{5-15}$$

式中：T——半轴的计算转矩，N·m，在此取 33445000N·mm；

d——半轴杆部的直径，mm。

根据上式计算出 $\tau = 497$MPa ＜许用应力$[\tau]=500\sim600$MPa 的最小值，所以初选的半轴直径选择合理，校核合格，满足使用强度的要求。

5.5 驱动桥主减速系统参数化建模

5.5.1 主传动器结构设计建模

1. 主传动器概述

主动力器的主要功能就是增加扭矩并减速，而且同一时间还可以改变转矩轴线的旋转方向。因为经过比较发现单级的优点较多，所以，在结构设计上选择单级主减速器的减速模型。单级主减速器主要由主动锥齿轮和从动锥齿轮组成。

2. 建模装配

运用 SolidWorks 齿轮插件 GearTrax，输入基本参数，选择齿轮类型为格里森锥齿轮，选择齿顶系数、齿宽系数、顶间系数生成大锥齿轮和小锥齿轮，因为小锥齿轮尺寸比较小，不适合像大锥齿轮打孔固定，因此将它与主动轴做成一体。主动轴为阶梯轴。其轴端设有外花键，可以用来与圆形的凸缘连接和固定，传递动力。每段轴颈尺寸随定位要求逐级增加。轴向尺寸根据轴承的宽度尺寸依次确定。图 5-8 为大锥齿轮的三维设计模型，图 5-9 是小锥齿轮与主动轴成为一体，并且连接轴承的三维设计模型。

运用 SolidWorks 软件将建模完成的大锥齿轮与齿轮轴模型进行齿轮啮合，装配组成主减速器的装配模型，如图 5-10 所示。

车辆变速器及驱动桥设计

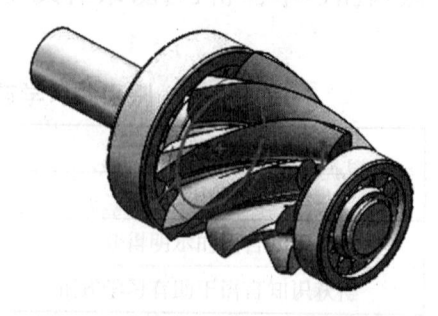

图 5-8　大锥齿轮模型　　　　图 5-9　小锥齿轮轴的三维设计模型

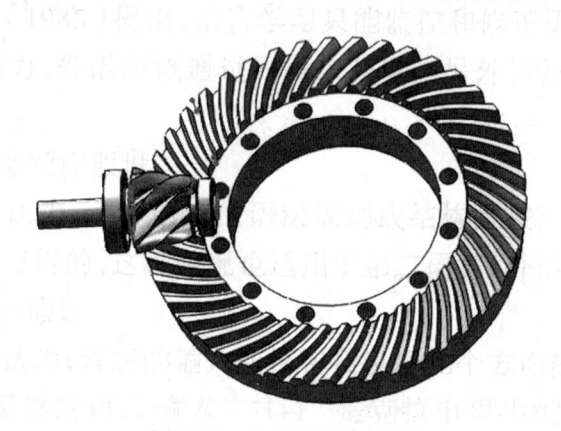

图 5-10　主减速器装配图

5.5.2　差速器结构设计建模

1. 行星齿轮建模

差速器的行星齿轮一般情况下会选择直齿的锥齿轮,可以将其背面加工成半球以配合差速器外壳的内球面,在这种情况下就可以保证良好的对中性,从而可以确保两个半轴齿轮能够正确地啮合。利用 SolidWorks 齿轮插件 GearTrax 建立行星齿轮的三维模型,如图 5-11 所示为其三维模型。

2. 半轴齿轮建模

半轴齿轮与行星齿轮配对,利用 SolidWorks 齿轮插件 GearTrax 建立大锥齿轮模型,半轴齿轮可以设计成齿轮轴的形式,轴是空心阶梯轴,在轴上开有渐开线花键,每次经受到荷载作用的时候齿轮就会产生径向力,在这种情况下就可以自动定心,使得各个齿的受力比较均匀,这种形式设计提高了强度和使用寿命。图 5-12 为半轴齿轮三维模型。

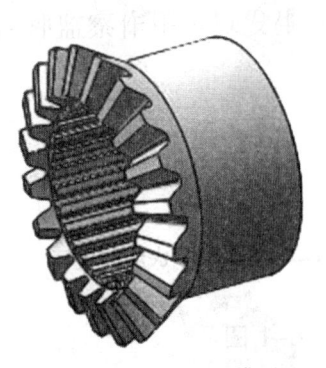

图 5-11　行星齿轮模型

图 5-12　半轴齿轮模型

3. 差速器壳、十字轴、轴承建模

可以将差速器壳用螺栓固定和连接,主动力器的从动大锥齿轮可以用螺栓固定以及连接在差速器左壳的凸缘上。半轴的齿轮以及半轴内端可以利用花键啮合相连,在半轴的外端可以通过凸缘与驱动轮轮毂相连接。设计参数根据行星齿轮和半轴齿轮的尺寸选择合适的尺寸,建立模型,图 5-13 为差速器左壳,图 5-14 为差速器右壳,图 5-15 为十字轴的三维模型,图 5-16 为轴承、螺栓垫片的三维模型,图 5-17 为差速器整体装配图。

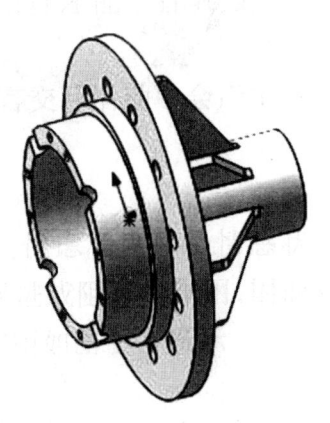

图 5-13　差速器左壳

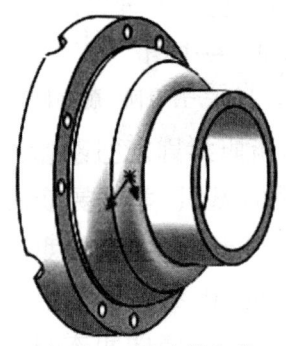

图 5-14　差速器右壳

图 5-15　十字轴

图 5-16 轴承、螺栓、垫片

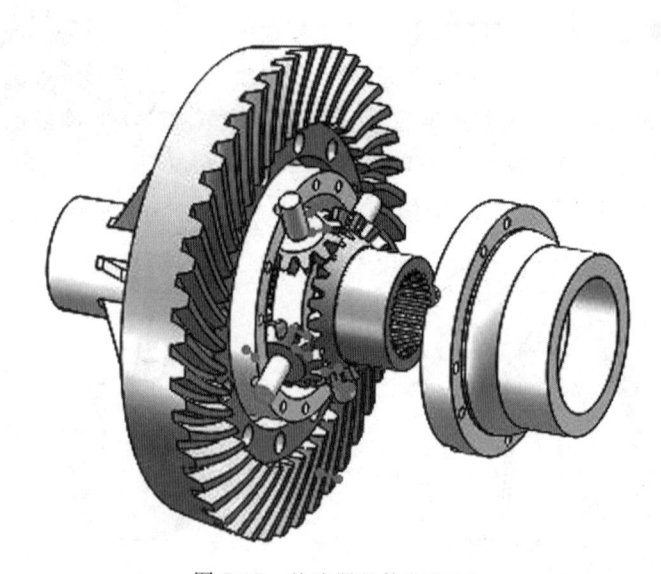

图 5-17 差速器整体装配图

5.5.3 轮边减速器结构设计建模

本书的轮边减速器采用单排内、外啮合行星轮边减速器。轮边减速器的具体运行过程是由半轴带动太阳轮，太阳轮作为主动力轮带动行星轮动力，齿圈和驱动桥壳通过花键连接，行星架和车轮轮毂使用螺栓连接。

1. 太阳轮、行星轮、齿圈建模

太阳轮与行星轮为直齿圆柱齿轮，运用 SolidWorks 软件的齿轮插件生成太阳轮、行星轮，太阳轮内侧设有花键，与半轴的花键相配合。图 5-18～图 5-20 为其三维模型。

图 5-18 行星轮

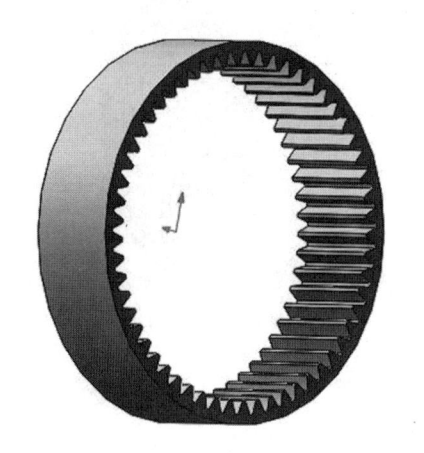

图 5-19 齿圈

图 5-20 太阳轮

2. 齿圈座、行星架、轮边减速器壳、轴承、螺栓建模

齿圈的一面要各半轴固定连接，需要设置凸缘，因为在封闭的凸缘中内齿轮不好加工，所以设计出具有与齿圈齿形相啮合的齿圈座，用来连接齿圈，其另一端设有内花键。行星架是旋转件，上面开有螺栓孔，通过螺栓和轮边减速器壳相连接，两端的端盖把轮边减速器密封起来，内部的端盖能够固定齿轮。因为驱动桥的支承方式为全浮式半轴支承，所以要在轮边减速器中设计一对圆锥滚子轴承。图 5-21～图 5-26 为轮边减速器零件图及装配图。

图 5-21 行星架

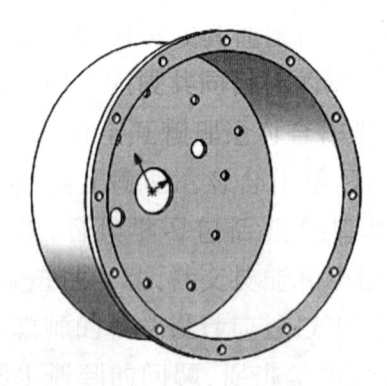

图 5-22 轮边减速器壳

图 5-23 齿圈座

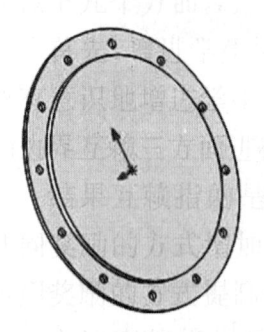

图 5-24 端盖、轴承、螺栓

图 5-25 半轴

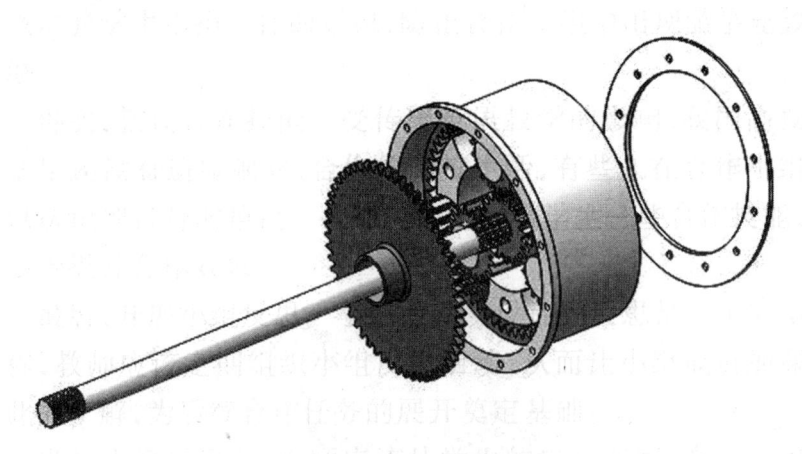

图 5-26 轮边减速器装配图

5.5.4 驱动桥主减速系统建模装配

主减速器的大锥齿轮利用螺栓与差速器左壳固定连接,左右半轴通过花键与差速器半轴齿轮啮合,半轴另一端通过花键与轮边减速器太阳轮啮合连接,建模装配得到驱动桥主减速系统,如图 5-27 所示。

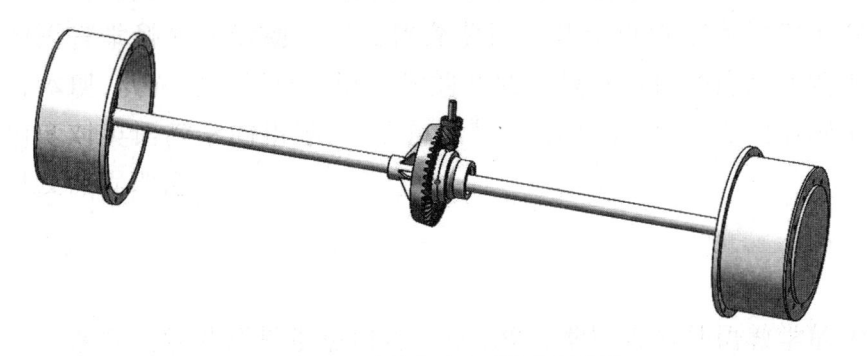

图 5-27 驱动桥主减速系统装配总图

5.5.5 驱动桥的仿真运动

1. 主减速器的仿真运动

在零件建模完成后,新建一个装配文件,把锥齿轮与传动轴插入装配图中。保持零件的浮动状态,将大小锥齿轮根据中心距配合。将大锥齿轮固定,初步查看主、从动锥齿轮的运动关系,检查是否有干涉现象。可以发现,锥齿轮并没有啮合,调整好齿轮的位置后,选择机械配合中的齿轮配合,再次转动可以发现齿轮完全啮合。再将各部件调整为浮动状态,新建一个运动算例,单击旋转马达,放置在齿轮轴上,选择好时间后,单击打钩,生成仿真动画,保存。图 5-28 为仿真过程图。

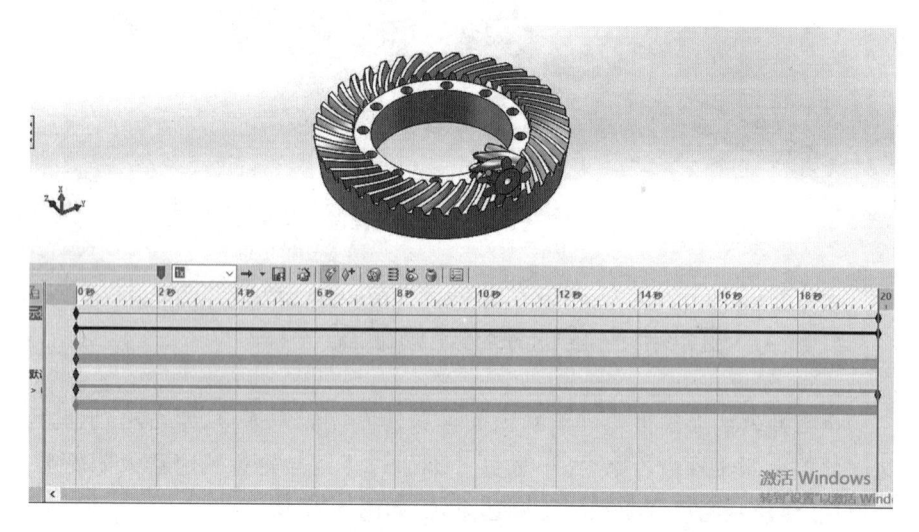

图 5-28　主减速器仿真图

2. 差速器的仿真运动

新建一个零件装配图,插入差速器的各个部件,将十字轴固定,其余为浮动状态。将行星齿轮和半轴齿轮两个模型先按照中心距进行配合,再选择机械配合中的齿轮配合。检查配合无误后,将行星齿轮阵列,半轴齿轮镜像完成装配。再将差速器壳与十字轴同心,装配完成后在差速器左壳上添加旋转马达,制作仿真动画。图 5-29 所示为仿真过程截图。

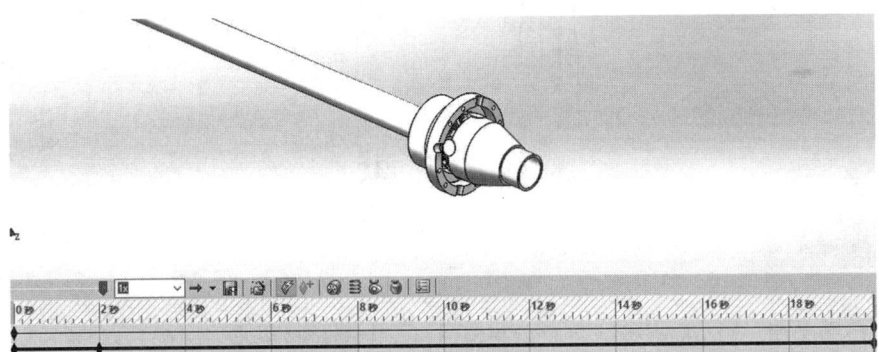

图 5-29　差速器仿真图

3. 轮边减速器仿真

在零件完成装配后,按照上述方法,在传动半轴上添加旋转马达,单击播放,制成仿真动画并保存。图 5-30 为轮边减速器仿真图。

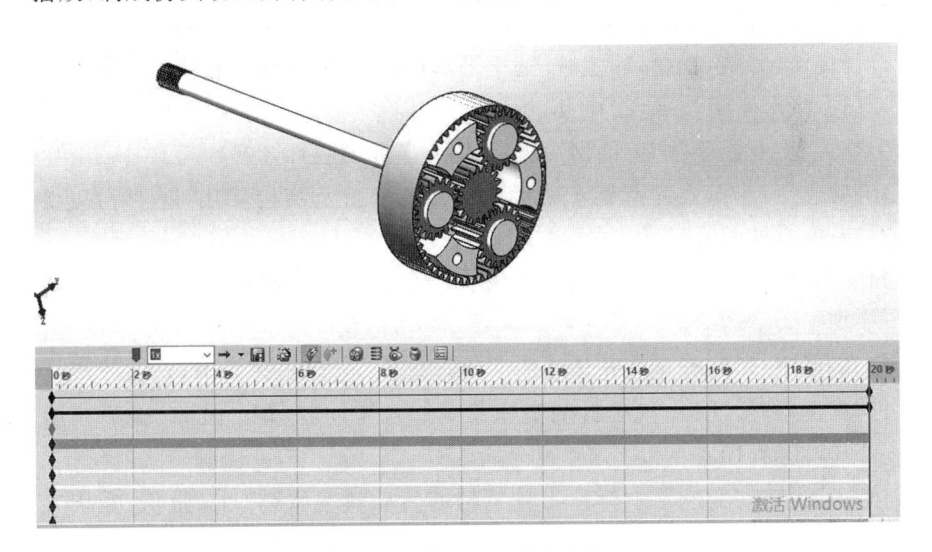

图 5-30　轮边减速器仿真图

173

参考文献

[1]李文明.自动变速箱结构及控制探讨[J].中国科技纵横,2016,11:14-20.

[2]张桂菊,肖才远.基于ANSYS的行星齿轮传动系统有限元分析[C].湖南师范大学自然科学学报,2016,11.

[3]王丽.现代汽车展厅空间环境的设计研究[D].合肥:合肥工业大学,2005.

[4]周辉.基于非物质社会的中国豪华汽车设计变革研究[D].武汉:华中科技大学,2012.

[5]李辉云.行星齿轮减速器仿真及有限元研究[D].天津:河北工业大学,2013.

[6]王昕彦.液力自动变速器参数的模糊匹配及其性能评价研究[D].哈尔滨:哈尔滨工业大学,2007.

[7]刘明增.装载机液力变速器主要性能及综合性能评价研究[D].济南:山东大学,2014.

[8]汤传军,张键,李健,熊金胜.基于Workbench变速器齿轮轴的疲劳分析[J].汽车实用技术,2014:13-18.

[9]李人宪.有限元法基础[M].北京:国防工业出版社,2014.

[10]曾志华.小车式起落架车架大梁的强度分析及结构优化[D].南京:南京航空航天大学,2010.

[11]王恩广.基于集群技术的数控滚齿机立柱有限元分析[D].兰州:兰州理工大学,2015.

[12]饶振刚.封闭行星齿轮传动的设计研究[J].传动技术,2014,3:15-20.

[13]杜愎刚,吴社强.汽车自动变速器维修技术问答[M].北京:金盾出版社,2004.10.

[14]崔丽.自动变速器中行星齿轮机构的传动效率研究[D].重庆:重庆大学,2005.

[15]张永钊.行星齿轮变速器的挡位分析[J].科技资讯,2011,2:16-20.

[16]孙仁云,付百学.汽车电器与电子技术[M].北京:机械工业出版社,2011.

[17]成大先.机械设计手册[M].北京:化学工业出版社,2004.

参考文献

[18] 张朝山.自动变速器原理与检修[M].北京:电子工业出版社,2009.

[19] 李春声.现代汽车技术[M].北京:人民交通出版社,1998.

[20] 师素绢,张秀花,郭飞,等.机械设计[M].北京:北京大学出版社,2012.

[21] 成大先.机械设计手册[M].5版.北京:化学工业出版社,2004.

[22] 郭爱东,周京京.汽车液力传动油的性能及使用[J].汽车运用,2012.

[23] 李玲.静液压传动技术在轨行式施工机械的应用[J].建筑机械化,中铁工程机械设计院,2006(3).

[24] 匡襄.液力传动[M].北京:机械工业出版社,1982.

[25] 朱经昌.液力变矩器的设计与计算[M].北京:国防工业出版社,1991.

[26] 黄宗益.现代轿车自动变速器原理和设计[M].上海:同济大学出版社,2010.

[27] 宋寿鹏.基于内特性分析的液力变矩器效率研究[D].兰州:兰州理工大学,2010.

[28] 汉祥.液力变矩器[J].汽车实用技术,2003(2).

[29] 王书权.液力机械式自动变矩器技术及发展[M].北京:北京汽车出版社,1997.

[30] 陆忠东,吴光强.液力变矩器流场分析与设计的研究现况及展望[M].上海:同济大学出版社,2008.

[31] 李雪原,闫清东.液力变矩器叶片及其模具参数化研究[D].北京:北京理工大学,1998.

[32] 朱经昌.液力变矩器的设计计算[M].北京:国防工业出版社,1991.

[33] 郭金星.液力变矩器叶栅参数优化及造型研究[D].哈尔滨:哈尔滨理工大学,2005.

[34] 赵静一,王巍.液力传动[M].北京:机械工业出版社,2009.

[35] 商高高,何仁.液力变矩器评价指标及与发动机共同工作特性[N].江苏工业大学学报,2000.

[36] 马文星.液力传动理论与设计[M].北京:化学工业出版社,2004.

[37] 闫清东,魏巍.液力变矩器变宽循环圆设计方法研究[D].北京:北京理工大学,1996.

[38] 马文星.液力变矩器叶片设计和特性计算的通用程序及其应用[J].汽车技术,1989(12).

[39] 葛安林.车辆自动变速理论设计[M].北京:机械工业出版社,1993.

[40] 刘惟信.汽车设计[M].北京:清华大学出版社,2001.

[41] 罗邦杰.液力机械传动[M].北京:人民交通出版社,1983.